ゴルフの微笑み。

原　案／夏坂 健
構成・画／かざま鋭二

目次

装丁／スタジオパトリ

初出「月刊ゴルフダイジェスト」2018年3月号〜2021年1月号。
エッセイは「週刊ゴルフダイジェスト」1990年3月13日号〜1995年3月28日号。
文中、作品中の固有名詞および登場人物の年齢、肩書、事績などは
掲載時のままとしました。

第1話

黄昏の中の微笑

1940年
風車とチューリップの国オランダは
ドイツ軍による怒《ど》濤《とう》のごとき
侵略を受けていた
彼らは三方向から
電撃的に攻め込むと
要所を手際よく、しかも
残忍に占拠していった

アムステルダム近郊にある
ヒルバーシュム・ゴルフクラブは
1910年に開場された
オランダ随一の名門コースである
だが、
かねてよりドイツ軍の
将校用保養施設に
接収されるという
噂が立っていた

ジャ
き
来た!
ついに奴らがやって来た!
ヒルバーシュムもこれで終わりだ!!
支配人フィリップ・フリースラントは観念した
歳月を経た巨大な樫の樹林に囲まれた優美なフェアウェイも彼らの手に落ちる、と
コッ
コッ

そのとき
クラブハウスには
年老いた5人の
メンバーが
集まっていた
カチャ
な……
なんのご用
でしょうか!?
不躾け
ですが
ときどき
プレーさせて
いただけない
でしょうか
プレー
!?
あの
ドイツ将校は
ゴルフをしに
来たのか!?
チラッ
コク
コク
コク
どうぞ
プレーなさって
ください
ロッカーは
奥の右手
です
いえ、
私は招かれざる客
クラブハウスに入る
資格はありません
わがままを
お許しいただき
感謝します

なんという礼儀をわきまえた人だ！
あんな人がドイツ軍人にもいたのか！
ニュウウウー
ほお～！
美しいスウィングだ！
彼はきびきびとした態度で18ホールを回ると再びドアの向こうで挨拶をし、静かに帰っていった
彼のプレーぶりを見たかね
まさにゴルファーの鑑《かがみ》だよ！
同感だ！
ディボット跡を修復するのもとても丁寧だしな

バンカーは自分の跡ばかりか目につく限りをきれいに直し
歩く途中にゴミがあると拾ってポケットに収めるという
コースを見回っていてときどき見かけるが
あの方はほとんどボギーを打たないね
いつか一緒にプレーしてみたいなァ
だが当時ドイツ軍の戦況は悪化していた
そんなある日──
ドヤ
ドヤ
な何事だっ!?

コースにある大木を近日中に伐採する!!
海岸線に長大なバリケードを築くために必要なのだ!!
!!
翌日——
こ……これで終わりだ……!!

それから2日後――
少し目障りですがコースの中に看板を立てさせて下さい
これでもう誰も近寄らないと思います
Warnung! Keine Grenzen!
Gestapo-Hauptquartier
Ges
Achtung! Es ist verboten
彼はいったい風雲急を告げる中で、どうやってゴルフ場の木を守るべく説得したのだろうか
Gestapo-Hauptquartier
Achtung! Es ist verboten
警告!立入禁止！　ゲシュタポ本部
追いつめられたドイツ軍首脳を説得するのは、考える以上に至難だったはずであるだが、彼はそれをやってのけたのだ
ここにお見えになった日からわれわれはあなたを何と呼んでいるか申し上げましょう
〝臨時のメンバーさん〟です
ありがとう臨時のメンバーさん！
光栄ですありがとう

彼は夕暮れの中を
去っていった
二度と見ることの
出来ない静かな
微笑みを残して

彼らは待った
だが彼はあの日を
最後に再度
コースに姿を
見せることは
なかった

出動命令で遠くへ行って
しまったのだろうか
支配人の耳は終日
ドアのノックの音を
聞こうとしていた
戦争が終わった2年後
クラブで恩人探しに
着手したことがある
しかし、その結果については一切触れず
クラブ史の「1944年」のページには
こう書かれているだけだった

樹木伐採の危機に瀕するも、一人の勇気ある
ドイツ将校の助力によって破壊から免れた
彼はヒルバーシュムを救い
オランダを救い
そしてゴルフを救った

第2話

麗しきハリーの選択

アンプレヤブル!
えっ!?
アンプレヤブルだって!?
どうしてだ!?
ザワ
ザワ
なんの問題もないライだぜ
なぜアンプレヤブルなんだいハリー!?
アンプレヤブルします
ザワ
ザワ

茂みの深さでは悪評高いポートマノックのラフとはいえボールは見えていた
ハリー・ブラッドショーはなぜかアンプレヤブルを宣言し
このホール1罰打を加えたボギーで上がり涼しい顔をしていた
何があったんだい？ハリー
ボールが打てなかった
ライが悪かったんでね
石か？
きみほどの腕ならウサギの穴からでも1発で出せるはずだぜ！
ハリーはなぜアンプレヤブルしたんだ!?
たしかこの辺だったよな
なんの障害もないぞ
1罰打を払う理由などどこにも見当たらないが……
ま……
まさか！

これかッ!!
この花をかばって ハリーは アンプレヤブルを!!
キザだと思いませんか ハリー!?
詩人的要素が 強いゴルファーは 勝負に弱いと いいますが
私はきれいに咲いている花を殴り倒す 勇気のない人間です
花よりショットの ほうが大事だとは 思わなかったのでね
ついで ですが アンプレヤブルの 宣言はゴルファーの 選択に任されて いるんですよ
………
もし同じ場面に遭遇したならば あなたはどちらを選択するだろうか 自らの人間性を見つめる 絶好のテーマである
アイルランドで 生まれたハリーは
聖書から 自分の職業を 学びとった 人類史上最初の ゴルファーといえる

物心ついたときから彼はいつもデルガニー教会のブリーソン神父と一緒だった
いいかねハリー
今日はここから100ヤード先のピンまでわしがヨシと叫ぶまでボールを打ち続けなさい
はいブリーソン神父さま!
神父は若いころゴルフのアマチュア選手として鳴らした
だが戦争で左ひざを負傷し選手生活は断念を余儀なくされたもののコーチとしてアイルランド随一であった
神父は少年ハリーにゴルフを仕込んだ
どれ
ヨシ!!
次はバンカーから50ヤードだハリー!!

神父はハリーに技術面での細かいアドバイスを与えなかった
「ゴルフというのはな教えられるたびにむずかしくなっていくものなのだ」
「自分の頭の中にひとつの理想とするスウィング像さえ持っていれば十分」
「あとは自分で工夫と改良あるのみだ」
ハリーが挫折を訴えると聖書の中の言葉を引用して答えた
大自然に対する畏敬の念
私利私欲の浅ましさ
道徳の尊さ
そして最後に必ずこう付け加えた
「ゴルフはあるがままのものを静かに受け入れるから偉大なのだ
私欲を優先させる人間は結局一人前のゴルファーにはなれんだろうよ」

ハリーはゴルフと聖書を同時に学びながらやがてプロの道を歩み始めた
世界にその名が知れ渡ったのは、ポートマノックに当時の王者ビリー・キャスパーを迎え
なんと7アンド6の大差で打ちのめし世界中をアッといわせたときからである
そして1949年サンドウィッチで開催された全英オープンに出場したハリーは初日68の堂々の首位で発進した
ところが2日目の5番ホールでラフに飛び込んだハリーの打球に信じられない災難が待ち受けていた
アッハッハ!!
こりゃあ傑作だッ！
さてどうしたものか
いま役員がこっちに向かっているそうだ
もちろんこのいまいましいビール瓶は問題なく取り除けるよ！

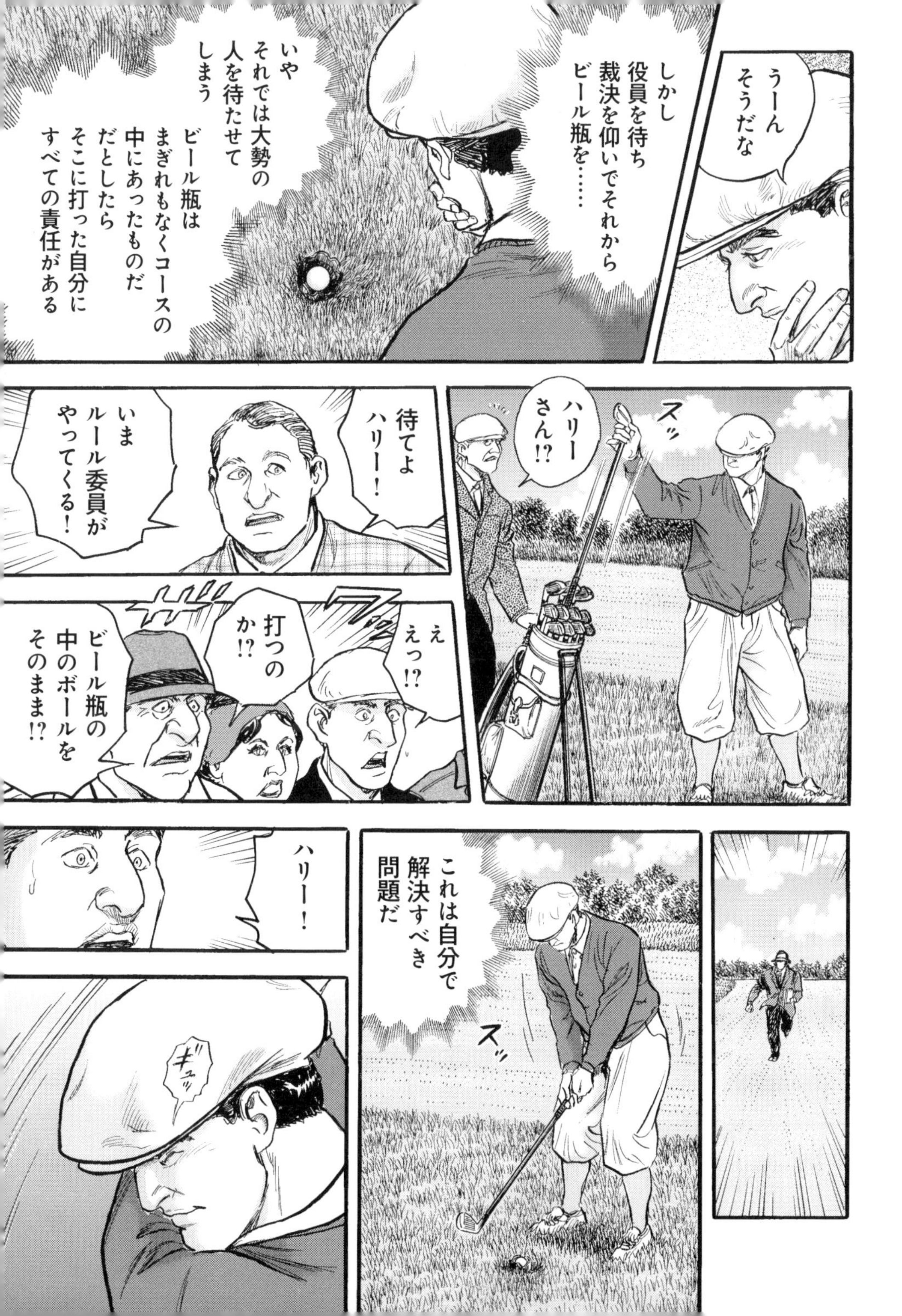
うーん
そうだな
しかし
役員を待ち
裁決を仰いでそれから
ビール瓶を……
いや
それでは大勢の
人を待たせて
しまう
ビール瓶は
まぎれもなくコースの
中にあったものだ
だとしたら
そこに打った自分に
すべての責任がある
スッ
ハリー
さん!?
待てよ
ハリー!
いま
ルール委員が
やってくる!
ワッ
え
えっ!?
打つの
か!?
ザワ
ビール瓶の
中のボールを
そのまま!?
これは自分で
解決すべき
問題だ
スッ
ハリー!
ギュッ

ボーールはようやく
20ヤード先に転がり
出ただけだった
結局このホールで
6打を費やしたハリーの
その日のスコアは77
しかし、3日目68、最終日70で
南アのボビー・ロックとプレーオフにもつれ込んだが
惜しくもハリーは敗れてしまった
花のときは
ボールを拾ったのに
ビール瓶は
そのまま打った
なぜかね
ハリー!?
あそこで救済処置を
受けていたら
全英オープンで
勝てたというのに!
自然を愛して
あるがままにプレーせよと
神父さんに
教えられたんだ
そしたら、ああなったが
私にはどちらも同じ
ことだった

第3話
浮浪少年「ピーチ」の偉業

史家エドワード・マーティンの「The Authenticity of the History」(歴史の信憑性)
その261ページ目から、興味深い話が展開されている

ゴルフ史の中に「キャディ」という仕事を初めて定着させた
浮浪少年「ピーチ」に関する一文である
西暦1750年ごろ当時のスコットランドの首都エディンバラに浮浪少年が集まるようになった

その数年前から天候の異変があって、農家は深刻な打撃を受けている
こうした経済不安が浮浪少年を生み出したらしく
彼らは人家の軒先や公園などに寝てハンチングをかぶりひどくみすぼらしい身なりをしていた
連中は16世紀にメアリー女王がフランスから連れ帰った貴族の子弟たち
主に士官候補生だったが
彼らの呼び名である「Cadet」(カデ)のスコットランド語転訛「Cawdie」(カウディ)と呼ばれていた
少年たちは食べるために仕事を選ばなかった
荷物運び 荷車のあと押し 使い走り 庭の掃除 買物の代行 道案内
ときには子守りを任されることもあった

こうした事実からもわかるように彼らは単なる浮浪者ではなく
仕事に勤勉しかも現金を預かっても間違いを起こさず市民にしてみれば信用のおける便利屋の存在であった
ひところ、カウディの群れは50人から70人に及んだとあるが
ついぞトラブルを聞かないのはリーダー「ピーチ」のすぐれた手腕によるものだろう
彼は敏捷で頭が良く幼い浮浪児の面倒にもこまやかでさらに義理にも厚かった
ピーチは教会裏手の燃料小屋を根城にエディンバラを走り回っていた
ありがとうピーチ助かったよ
そうだ今度ゴルフのクラブ運びをやってくれんか
はいもちろんですヘンリーさん
最近クラブを持ってのラウンドがきつくてな
君に持ってもらえば大助かりだよ！
喜んでお供します！

終日
クラブを担いで歩く
ゴルファーが
彼らの便利性に
着眼したのは当然のこと
やがて
単なるクラブ運搬から
コースの中でゲームに密着
ゴルファーを
助けるようになった
それまでの運搬人《ヘンチマン》、小僧《ボーイ》から
階段をひとつ上がって、ここに
目出度くキャディが
誕生したわけである
ピーチをボスにいただく彼らは
にわかに忙しくなった
忠実で便利
しかも料金が安い
当時は7ホールから
12ホールまでのコースで
マッチプレーを
愉しんだことも
あって
4ペンスから
6ペンスが
相場だった
今日の
キャディ
フィーだ
また頼むよ
ピーチ
ありがとう
ございます

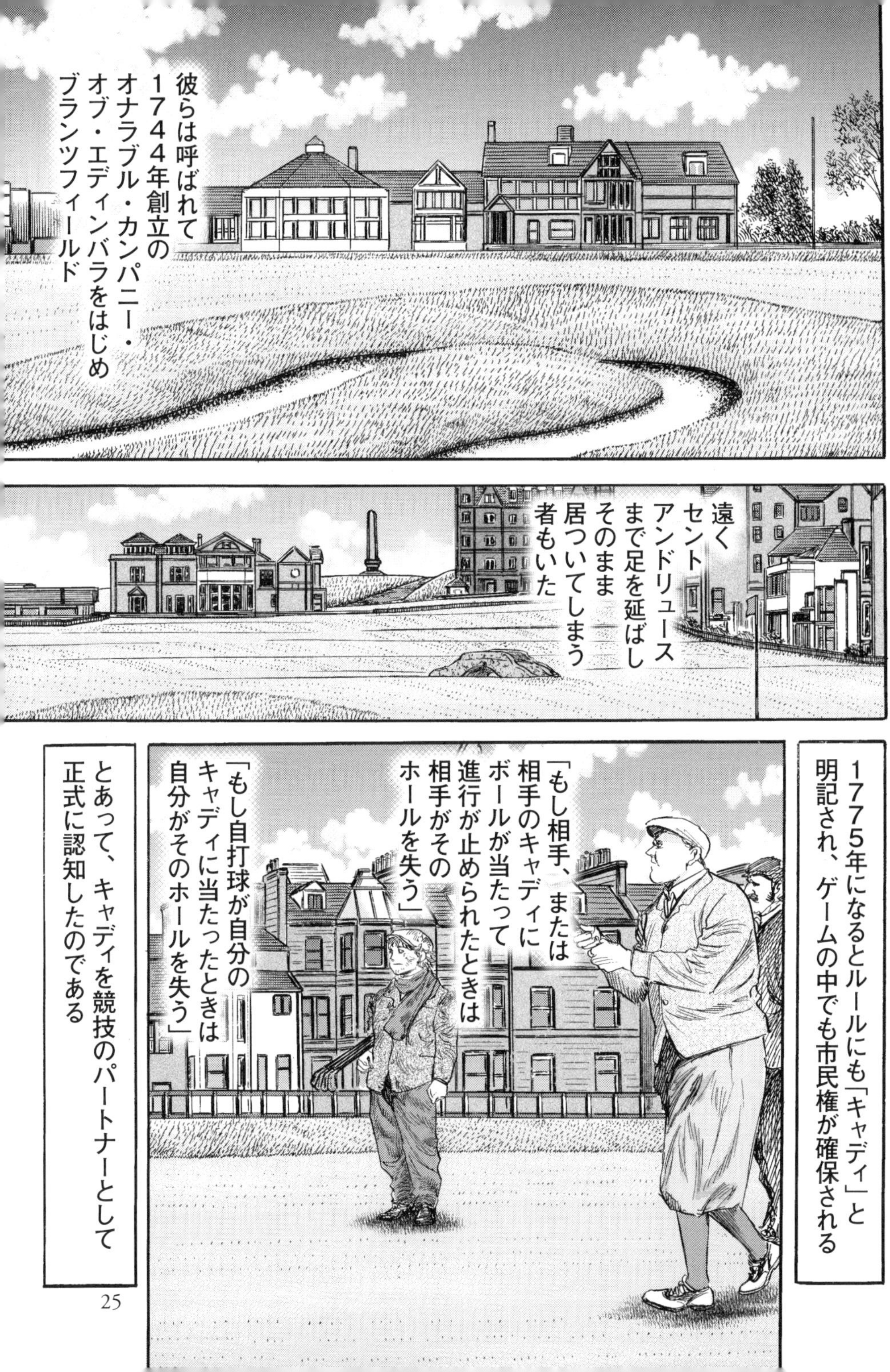
彼らは呼ばれて
1744年創立の
オナラブル・カンパニー・
オブ・エディンバラをはじめ
ブランツフィールド
遠く
セント
アンドリュース
まで足を延ばし
そのまま
居ついてしまう
者もいた
1775年になるとルールにも「キャディ」と
明記され、ゲームの中でも市民権が確保される
「もし相手、または
相手のキャディに
ボールが当たって
進行が止められたときは
相手がその
ホールを失う」
「もし自打球が自分の
キャディに当たったときは
自分がそのホールを失う」
とあって、キャディを競技のパートナーとして
正式に認知したのである

ピーチ少年は、責任上、エディンバラを
離れることができなかったらしく
近くのリースで本格的なキャディの道を歩み始める
エドワード・マーティンの
本によると
「頭脳明晰な彼は
ゲームの本質を
たちまち把握すると
巧みな駆け引きで
雇い主に貢献した
これが評判になって
彼のもとに仕事が殺到した
少年はすぐれた
戦略家であった」

巧みな駆け引き
そして戦略家
それまでに見られない
新鮮な言葉が登場する
プレーヤーではなく
これが一人の少年キャディに贈られた
賛辞であるところに注目したい

ハンチングをななめにかぶり
ボロの服、汚れた靴
真っ黒な顔をしていたに
ちがいない
少年ピーチは
自分の雇い主の長所と
短所をたちどころに
見抜いた上で
勝つために必要
かつ適切なアドバイス
クラブ選択
ルートの選定を
行い
父親の仕事を
陰で支える
息子のように
献身と謙虚さを
もって勝利に
導いたのだろう

ごく最近になって言われ始めた
「コースマネジメント」が1750年ごろ
賢い浮浪少年によって実践されていた
事実におどろかされるのである

ピーチの活躍については
1771年に作家の
T・スモーレットが書いた
「スコットランド紀行」と
1782年に
随筆家
E・ミルワードが
発表した
「エディンバラの鐘楼」
でも触れられているが

しかし
やがて成人に達したはずの
彼らについて記されたものは
何ひとつ残されていない
ピーチはどこへ
行ったのだろうか
1759年ごろ
この地に原因不明の
高熱病が流行
多くが数日でいのちを
落としたと記録にある
野宿していた彼らが
罹病《りびょう》の最前線にいたことだけは
間違いない

ゴルフをおもしろくしてくれた恩人が
無事に生涯をまっとうできたようにと
ただ祈るだけである

第4話

ベン・ホーガンに関するエピソード

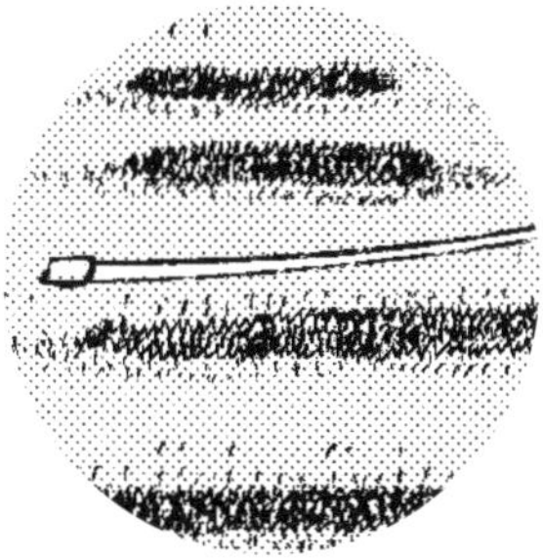

私がゴルフで恐怖を感じるのは三つ
雷とダウンヒルのパットと
そしてベン・ホーガン一人だけだ
(サム・スニード)
たくさんのゴルファーを見てきたが
1ヤード単位で距離を自由に調節できる男はホーガン一人だけだ
(ボビー・ロック)
見てきた限りで最高のゴルファーは誰かって?
そりゃホーガンほどの奴は一人としていなかったね
(ジーン・サラゼン)
伝説の靄《もや》に包まれているがベン・ホーガンは1912年テキサス州スティーブンビルで生まれた
晩年フォートワースに新築した家には応接間がなかったそうだ
仕方なく人に会うときは近くのホテルのロビーを利用する徹底した姿勢人間嫌いであった

ホーガンは無駄口が嫌いだったね
と、サム・スニード 18ホールのプレー中口を利くのはグリーン上でこう言うだけ
きみのほうが遠いよ
口数が少なすぎて取りつく島がない印象も与える
あるとき
ホーガンを尊敬してやまないゲーリー・プレーヤーがスウィングについてアドバイスを求める電話をかけた
きみはどこのクラブを使っているね？
ダンロップです
じゃあダンロップ氏に聞きたまえ
9歳のとき鉄工場で働いていた父親に自殺され家族は地の塩を舐める困窮の中を生きてきたホーガンは
11歳でキャディになってゴルフを覚え
19歳で、安ホテルを転々としながらツアープロの道を歩み始める
彼の無口は心の傷と決して無縁ではないだろう

28歳になった1940年
グリーンズボロ・オープン
など年間4勝して
名が轟《とどろ》くようになると
40年からの3年間で15勝
戦争が終わった直後の46年
ツアーに復帰した
ホーガンは
なんと年間13勝も挙げる

全米オープン４勝、たった一度だけ出場した全英オープンにも優勝
マスターズ、全米プロで各２勝、米ツアーで62勝

途中、1949年2月には、
バスと衝突して再起不能と
診断されたが
翌年のライダーカップには
アメリカの主将として
足をひきずりながら出場

FOLLOW THE SUN
THE BEN HOGAN STORY
その不屈の精神を
描いた映画
「フォロー・ザ・サン」は
全米でヒットした

Ben Hogan
with Herbert Warren Wind and drawings by Anthony Ravielli
Five Lessons
The Modern Fundamentals of Golf
彼の偉大な足跡の中でも
フックに悩んだ自分のゴルフを
綿密に分析し
科学的な近代スウィング論をまとめた
『モダン・ゴルフ』が出色だ

この本を5回も読み返したあと
初めてクラブを握った
ジョン・クレメンツは
わずか6年後に
全米アマに出場する
までになった
そして、この偏屈《へんくつ》な天才の真骨頂は
なんといっても豊富なエピソードにある
ゴルフ記者の
パーシー・ハギンズは
ホーガンが何百発も
ボールを打つのを
見ていた
そのあとメジャーで
ディボット跡を
測定した
何百発も
打ったと
いうのに
すべての
ディボットは
ボールのあった
位置から
ぴったり
8センチ先に
浅く長く残っていて
わずか1センチとして
狂った跡がなかった
彼のキャディを長く務《つと》めた
セシル・ティムズの仕事は
楽なものだった
ホーガンが何百発
打とうとも
ボール集めに
走り回る必要がなく
目印に
ジッと立っていれば
全部のボールが
そこに集まった

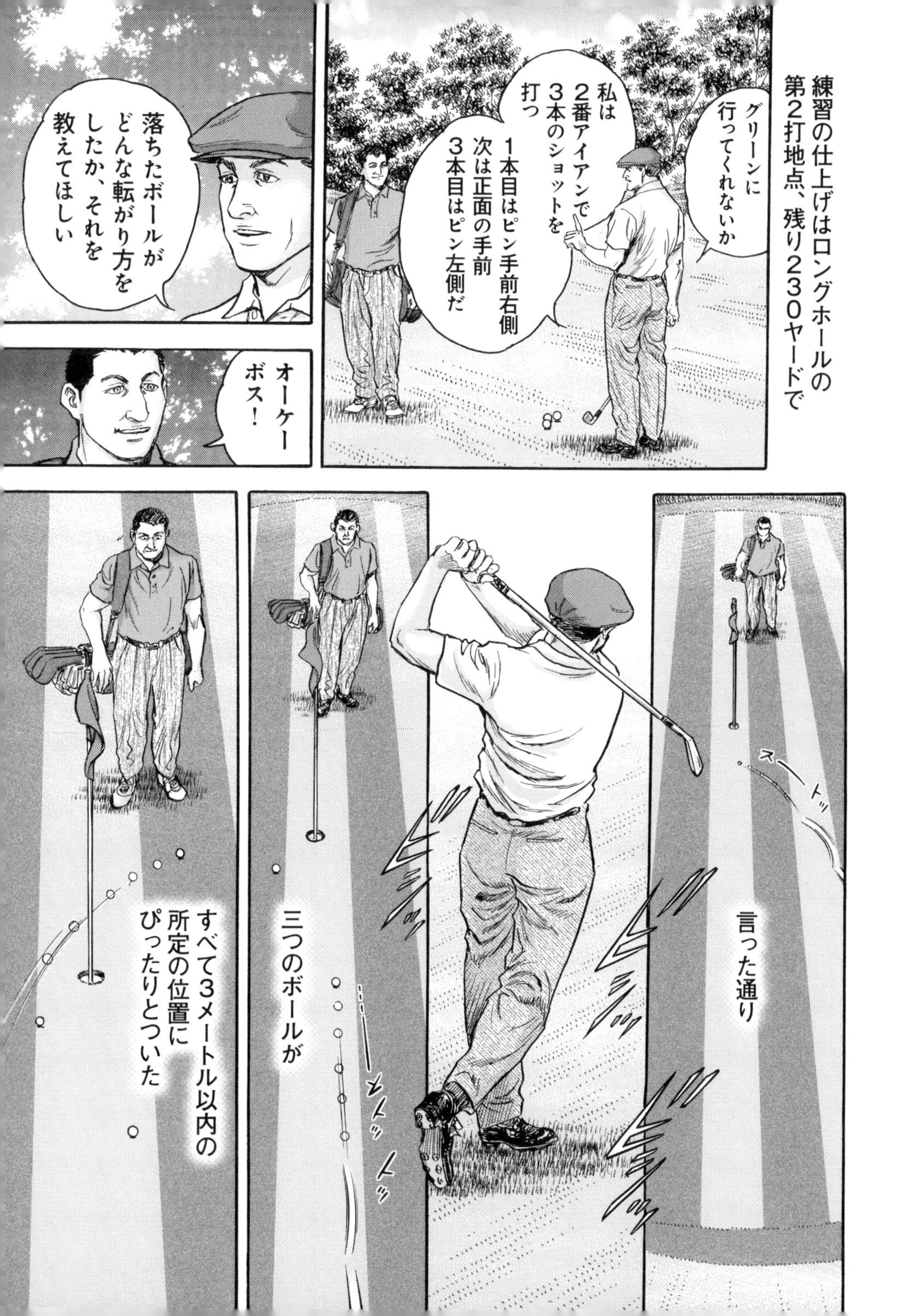
練習の仕上げはロングホールの第2打地点、残り230ヤードで
グリーンに行ってくれないか
私は2番アイアンで3本のショットを打つ
1本目はピン手前右側 次は正面の手前 3本目はピン左側だ
落ちたボールがどんな転がり方をしたか、それを教えてほしい
オーケーボス！
言った通り
三つのボールが
すべて3メートル以内の所定の位置にぴったりとついた

一旦ゲームが始まると
彼ほど自分のプレーに集中した者はいないだろう
恐ろしいほどの集中力だった
1948年のフェニックスで
パー3のホールの第1打がピンから6メートルのところに乗った
あとから打った同じ組のプロは
そこでホールインワンだった
大騒ぎが静まるのを待ち
彼は慎重にラインを読み
バーディパットを沈めた
翌日、同じホールで対戦者も同じ、ホーガンはピン奥4メートルにつけた。すると次に打った対戦者が、またもやホールインワンを出したのだ
これは本当の話
ホーガンが自分の本の中で二度もこの出来事を取り上げているくらいの珍事だった

それでも彼は表情を変えず
騒ぎがおさまるまで長い時間をかけてラインを読み切り
またもや一発で沈めてこう言った
3日連続であのホールは2だったよ
結局、この試合で優勝したのはホーガンだった
全米オープンで優勝し盛大な表彰式が終わったあと
彼は記者会見をすっぽかして練習場へ向かった呆れた友人の一人が
いま、きみは優勝したばかりじゃないか!
きょうだけで克服するテーマを三つも見つけた
ウェッジショットにも問題があってね
1967年のライダーカップがテキサス州ヒューストンで開かれたとき彼は試合には出ず主将として采配をふるった
たしか2日目のゲームだったと思うが、ホーガン主将は信じられない荒技をやってのけた
アメリカのエースアーノルド・パーマーを引っ込め補欠に回して、彼は涼しい顔でこう答えたのだ
キャプテンはいちいち説明などしないものさ

しかし、パーマーが試合会場の上空をこれ見よがしに自家用飛行機で飛び回り
おおかたのひんしゅくを買ったことに対する制裁であることは間違いないところだ

ゴルフに対する姿勢が実にきびしいのである

ボールをうまく打つのは、本人の適性、合理的なスウィング
豊富な練習量さえあれば、それほどむずかしいことではない
しかし、ベン・ホーガンのように最高の地位までのぼり詰め
歴史に名を残すようなチャンピオンになれるゴルファーは、ごく限られている

ボールを自在にコントロールする能力さえ身につければだれでも王者になれるのだろうか
もしそうならば、練習量の順に自動的にチャンピオンが誕生するはずだ

ベン・ホーガンはチャンピオンになる秘訣をたずねられて、こう答えている

『成功に対する恐れを持たないこと』
『同じリズムを身につけること』
『私が残せる言葉は以上の二つだ この二つがゴルフのすべてを物語っている』

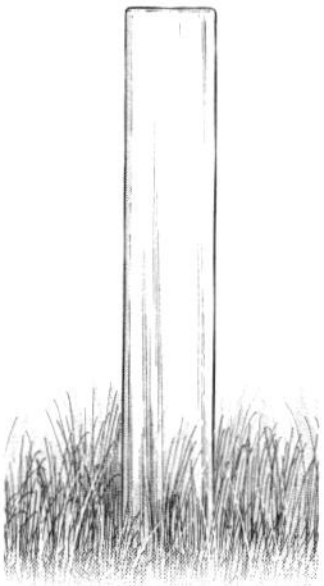

第5話
OBに泣く者を笑え

南アのモーブレイ・ゴルフクラブには古き良き時代の風潮がいまなお健在である
食事の席ではネクタイ着用
必ずプレーには会員が同伴
1組四人の合計ハンディは100以内
ここには本当の意味でのクラブ思想がある

もともと「倶楽部」とは、共通の目的を持った同好の士が集まる場と定義され全会員が出席して運営の一切を決めていく。モーブレイGCでは年2回、すべての会員が一堂に会して意見を述べ合っているのだが

つい数年前のこと、総会の席上で一人の会員が発言を求めた
よそと比べてうちのコースにはOBの杭が多すぎるように思うが
ザワ
気にしてみると実に24カ所もOBの区域があって
260本もの白杭が墓標のように立ち並んでいる!
ザワ
トーマス・コンウェイ理事

おかげで
われわれは
萎縮を強いられ
のびのびと
ボールを打つことも
できない！
その
通り！
ゴルファーは
常にOB区域を
意識し
おびえながら
プレーしている
ものだ！
少し白杭の数を
減らして
われわれを楽に
してもらいたい！
そうだ
！
パチ パチ
パチ パチ パチ
OB杭を
減らすべき
だ！
賛成！
パチ パチ
湧き起こった
拍手は
理事たちにとって
ショックで
あった
すぐに理事会が
招集され、翌日に
なると次のような
張り紙が掲示される
事態となった
暫定的にコース内のOB杭を撤去し
スルーザグリーンとする
モーブレイGC理事会
おお
ーッ！
素晴ら
しい!!
視界から
あの
いまいましい
白杭が姿を
消したぞ！
これで
飛距離の限界に
挑戦できる！
この処置から
彼らはまたひとつ
ゴルフを学ぶ
だろう

OBがないと知った
ゴルファーたちは目の色を変えて
思いっきりボールを叩き始めた
折しもクラブ選手権の
予選会が始まり
選手諸兄までが風車のように
クラブを振り回し
飛距離を欲張った
うっ！
力んだぁ!!
前年度の
チャンピオンであり
全英アマにも出場
したことのある
ロバート・シーマン選手の場合
欲張る気はなかったのだが
6番のパー5
525ヤードの2打地点で
2オンを
狙う
気持ちに
なった
これまでは
左右がOBだったが
今日は禁忌の区域が
開放されている
いつもは刻んで3打目に
全神経を集中させるのが
パターンだったが
もう一人の
自分が
嗾《けしか》けた
「やれ！ やってみろ」
「もし失敗してもOBじゃない」
「リカバリーでいつもと
同じスリーオンだ」
よし！

彼はスプーンを持ち目一杯のスウィングでグリーンを狙った
シュー
!
ボールが入ったと思われるあたりを上から見たときシーマンは息が詰まった
斜面の下は原住民がフィンボスと呼ぶ南ア特有の「マッキエ景観」が見渡す限り広がっているではないか
シュロ、ネムの木といった亜熱帯林とエリカ、プロテアなどの硬葉叢林《そうりん》が生い茂るまさしくジャングルだった

ゲームがマッチプレーならギブアップを宣言するところだが
1966年以来モーブレイGCでは公式競技のすべてにストロークプレーを導入していた
なんということだ!
ボールを見つけるのは至難の業だぞ
からみつく蔓《つる》を払い硬葉植物をかきわけアカシア科の有棘木をよけながらボールを捜すこと数分キャディが叫んだ
うへっ!
スワンジ・スネークがいる!
噛まれたら10分で死ぬという毒ヘビの出現だ
茂みの奥からは猿の悲鳴となにやら低く唸る野獣の気配も伝わってくる
あった!
ここにあるぞシーマン!
おおっ、よく捜してくれた!

こりゃヒドイ!
アンプレヤブルする場所もないぞ!
それからのシーマン選手の悪戦苦闘ぶりは涙なくして語れないものだった
やっとの思いでグリーンにたどりついた彼の姿はさながら探検隊の生き残りといったありさま
丸一日を費やしたと思われるほど長くて過酷な6番ホールがようやく終わって
シーマンは虚ろな声でスコアを告げた

21打……………
なんと21！
に、21打……！
Wilson
ほかにも受難者はゴマンといた
グウッ！
4番の右の石ころだらけの沢に落ち、アンプレヤブルで岩の上から打ったはいいがダフって手首にひびが入った者
ザザッ
16番の崖を降りようとして転落
救急車の世話になる者
17番では茂みの奥でハチの大群に襲われ
これまた入院する者
OB解禁のその日モーブレイGCは騒然たる雰囲気に包まれた
ザワ
いやぁヒドイ目にあった！
12番は右に逃げたら地獄だった
私はあそこで12打も打ってしまったよ！
ザワ
そして翌日もそのまた翌日も怪我人とダブルスコアに泣く者があとを絶たなかった

解禁から5日目には OB杭を元通りにして欲しい という陳情が 殺到するようになった
もう たくさん だ!
白杭を 立てて くれ!
理事の トーマス・コンウェイ氏は にこやかに語っている 「1カ月目に260本の白杭は 元の場所に戻されました」
世の中にはOBを ペナルティと誤解している 人のなんと多いことか
そこで私たち理事会は ゴルファーにとって あの白杭がいかに ありがたい救済処置で あるかを黙って教えること にしたのです
効果はてきめん いまではたった1打の加算で あの悲惨な現場行きが 免除されると誰もが大よろこび するようになりました
OBは ルール上でも 最大の救済処置 です
さて、われわれの身辺にいる 未練たらしいスコア至上主義者が もし今度「あのOBがなかったら」と わめいたならば、 こういってやろう ではないか
「OBは帳消しでいいから、林の奥、崖の下に行って あるがままの状態で打ってこいよ」

文章で読む珠玉のエッセイ①

正しいボギーの打ち方

ある日の試合で、正面から強い風が吹きつけていた。ベン・クレンショーは決して飛ばない男ではないが、それでもドライバーの次にスプーン、さらにもう一度スプーンを打って、4打目が5番アイアンのフルショット、やっとのことでグリーンまで辿り着いたそうだ。

その1番ティーグラウンドに立って、ボブ・デイビスが言った。

「どうだい、長いだろう。644ヤードでパー5。設計したのはニクラス、1981年にオープンして〝ジ・インターナショナル〟の試合が行われている。これを造った当時のニクラスは、そりゃもう人間離れした飛距離を誇っていたので、まわりの困惑お構いなし、途方もなく長いコースに仕上げたわけだ。さて、打ち始めよう」

その朝は無風快晴だったが、なんとグリーンに到着して来し方を思うと、信じられないことに強風下のクレンショーと使用クラブがまったく同じだった。コロラドの大自然に横たわるキャッスル・パインズGCは、まさしく飛距離との戦いであった。

案内役のボブ・デイビスは、かつて製菓会社の広報マンとして〝テキサス・オープン〟などの運営に手腕を発揮した人物だが、ゴルフの奥の深さに魅了されて、いまではトーナメントの歴史などを書いている。資料探しに明け暮れる私にとって、ボブはかけがえのない「アメリカ支局長」といえる。彼もかつては全米オープンの予選に何度か挑戦、最近は下手になったと嘆くが、それでもハンディ3の腕前である。

ほかでもない。古い文献漁りもさることながら、実際に多くのコースを歩いて、折につけ世界の広さを紹介しようと思い立ち、このところ出入国をくり返しているのだが、ボブにも次のようにお願いした。

「もし叶うものなら、アメリカ中の名コースを歩いてみたい」

こちらの無理難題を笑顔で引き受けた彼は、コネを動員して次々と夢を実現させてくれた。例えばトム・ファジオ設計のヴィンテージ・クラブもその一つだ。草木が1本も生えていない怪奇な岩肌が頭上からのしかかるように威圧する谷間のコースは、硫黄の匂いこそしないが、ここは巫女が死界と交信する恐山《おそれざん》そのものだった。同じくカリフォルニアのパームスプリングスにあるピート・ダイ設計のラ・キンタもまた、巫女の棲む世界であった。

「土地の値段が高いことは理解しているが、それにしても日本のコースは短いね。ショートホールに限りなく近いパー4が多いように思う」
「確かに。では、どうぞ腰が抜けるほど長いコースに案内してもらえないか。打っても打ってもまだ届かず、己れの飛距離に愛想がつきるような」
ラ・キンタの18番を終わらせると、彼はコロラド州に飛ぼうと言った。
「キャッスル・パインズを知ってるだろ？」
「名前だけは」
「OK、覚悟しとけよ」
「そんなに長いのか？」
「フェアウェイからドライバーで打てれば、何とかなる」
来てみると、のっけから644ヤード、パー5である。続く2番は408ヤード、距離はともかく左右から林が迫ってフェアウェイは狭く、グリーンのすぐ手前に川が流れて高弾道以外、まったく受け付けてもらえない。次の3番、いよいよ飛距離との戦いが始まった。452ヤード、パー4は、途中の川を避けながら、しかもブッ飛ばさなければならない。奥歯を噛みしめ、背骨をきしませ、明日の健康も忘れて精魂を傾けるが、スプーンの2打目が届かない。
4番は205ヤードのショートホールだが、これまたグリーンのすぐ手前に川がある。続く5番の凄いこと、477ヤードでパー4だ。
「ボブ、きみはいつも2打目に何を使う？」

「スプーンだね。会心の当りが二つ続いて、辛うじて乗る程度だ」
正直な話、フェアウェイからドライバーを駆使してさえ、グリーンに10ヤードほど足りなかった。
シェークスピアの言葉を借りて言うならば、「私のサラダ時代」は日々遠のくばかり。日本ではそれほど不自由を感じなかった飛距離が、ここではまったく通用しないのだ。しかもグリーンに近づくほど技術が要求される難易度の高さに直面すると、つくづくゴルフが「より遠くへ、より正確に」のゲームだった事実を思い知らされて、井の中の蛙《かわず》は傲慢を恥じるのである。
6番も417ヤード、7番は185ヤードのパー3だが、8番のロングホールは深奥の森の細道を思わせる狭いフェアウェイにミクロの狙い打ちが要求される535ヤード、マゾの散歩道と私は命名した。
そして、9番がこれまた458ヤード、パー4の長丁場。
「18ホール分のドライバーを打ったような気がする」
10番のティーグラウンドに向かいながら、私は呟いた。するとボブは、
「これからが面白くなるのさ。とくにインコースは、ほんのわずかフェアウェイを外しただけで地獄に転落するよ」
その10番が485ヤードでパー4、グリーンに至る右側はすべて池である。11番は197ヤードのパー3、12番が422ヤード、13番431ヤード、14番が

595ヤードのパー5。

「ようやくニクラスの意図が見えたぞ」

私は彼に言った。

「ナイスショットのあとに待ち受けているのが、決まってダウンヒル・ライではないか。左足が低い位置にあるため、距離も方向も合わせにくくなる上に弾道が低い。ところがグリーン周辺の設計は高弾道を要求している。

つまり、その日の風まかせでゴルフをする者には、絶対といっていいほどパーが取れない仕組みなのだ。しかもここではフェアウェイが高くてラフが低い位置にあるではないか。従って、ゴルファーは馬の背にティーショットを置かなければならない」

「その通り。左右のラフを高くして中央にボールが戻りやすいきみの国のコースとは、まったく正反対だ。日本のプロが外国で勝てない理由の一つがわかったかね？」

15番403ヤード、16番209ヤードのパー3、17番492ヤードのパー5は距離こそ短いが、途中から左に首を振った窮屈なグリーンを攻めるためには、左右10ヤードのブレも許されない。

そして迎える最終ホールが、480ヤード、パー4。フェアウェイから1段落ちたラフの中に無数のバンカーが口を開ける念の入れようだ。

全長7495ヤード、パー72。距離だけでも十分だというのに、例えば7番グリーンの中に落とし穴を思わせるポットバンカーが掘られていたりする。グリーンに乗せたボールがバンカーの底に沈んでいたときの無念、そのとき私はニクラスの高笑いを聞いた。

「満足したかね?」

とボブ。

この充実感は言語に尽くし難いものだと伝えたあと、私は正直な感想を口にした。

「シングルのハンディをもらって27年になるが、これは初めての体験である。自分の力量に合ったショットを紡《つむ》いでいくうちに、いつしか私は正しいボギーの取り方に熱中していたのだった」

第6話

あるゴルファーの卒業式

ある晴れた日曜日の午後
パサディナ・ゴルフ倶楽部の支配人
カール・グレインの呼びかけで
２００人を超えるメンバーたちが
礼装でクラブハウス前の
会場に集まった
その年、85歳になった
ひとりのクラブメンバー
ダン・スタールの
「卒業式」を
祝福するためだ

ダン・スタール
心からゴルフを愛し
そして驚くことに
ゴルフを始めた
36歳からの半世紀50年
一日も休まず
「ゴルフ日記」を
書き続けた男である

1898年
貧しい運転手の家庭に
生まれたダンは
16歳のときから
シカゴの生地《きじ》問屋で働き
STARL
やがてロサンゼルスに転居し
自分の店を構えるまでになった
パーティで知り合った
エリザベスがゴルフ場の
経理を担当していた
のが縁で
結婚後、ゴルフを覚えて
にわかに溺れていく
初ラウンドは
36歳のとき
であった
セピア色に変色した
ノートの最初のページには
こう書かれている
GOL
diary
NO-1
MAY 5 1934
『なぜ、ボールの手前ばかり叩いてしまうのか。
低く右に飛びだすボールが多い。
パットは上手だとベス（細君）にほめられた。
ボールを２個紛失
グリーンフィー、55セント。
スパイク２ドル75セント』

すでにお気づきの通り
この人は相当に几帳面な性格の
持ち主で、クラブの修理代から
ティーペグの代金までも
日記につけている
週末にプレーしたそのときの
一部始終を記録して
月曜日から金曜日までの
日記には、ショットに関する悩み
レッスン書から得たヒント
そして必ずゴルフ礼賛の一文が
添えられている
『なんと面白いゲームなんだろう。ああ、私の頭は、
先日のプレーで犯した数々のミスショットに対する無念と、
次のプレー日が待ち遠しくていまやハチきれそうだ』
『トップからは、左手と左腰でクラブを
引っぱれ、というウォルター・ヘーゲンの
文章が気になって寝つけず
ついにベスを
起こさないよう
寝室から
抜け出すと
クラブを持って庭で実行する。
たしかに、これはいい感じだ。
偉大なるヘーゲン、
きみは私のゴルフの恩人』

『きょう、スコアが4打も縮まってわが生涯のベストが誕生した。神よ、ゴルフを与えてくださったことに感謝します』
誠実なるゴルファー
ダン・スタールは
56歳のときに心臓に
軽い疾患が見つかったことを
契機に第一線を退き
パサディナに
エリザベスと共に
移り住む
今度はさらに詳細な「パサディナ日記」を
つけ始めたのである
『7番と16番のグリーンだけは、どうにも好きになれない。
単調で平坦、どこを探してもスリルの一片も見つからない』
『ラインに対する洞察力と
その通りに打てたときのドラマチックなよろこび
ゴルフの中で最も充実する瞬間が
この二つのグリーンには欠けている』

『ベスのリウマチが思わしくないので、
しばらくは一人でプレーすることになる。とても寂しい』

『手曳きカートを曳いて
きょうのテーマ、シャフトの
短い特注のスプーンに取りかかる。
ボールを左足の前に置くと
気分のいい高さが得られることを発見』

『ベスに見せたい
グッドショットが
二つあった』
DUNLOP

『一緒にプレーしてくれた
プロのサムが、
もっと体を捻れと言う
体を回すほど、自分が
ボールから離れてしまう
ようで、いつの間にか
ちいさなバックスウィング
になっていたらしい。
また新しいテーマができた』

この日記はなんと
72歳のときのものである。
ダンがゴルフに取り組む姿勢は
どこか悟りを求めてやまない
老僧を彷彿《ほうふつ》させる

『同じことをしているつもりなのに、毎日どこかが違う。
スウィングとは、考えるほどに、むずかしさが増すものだ』

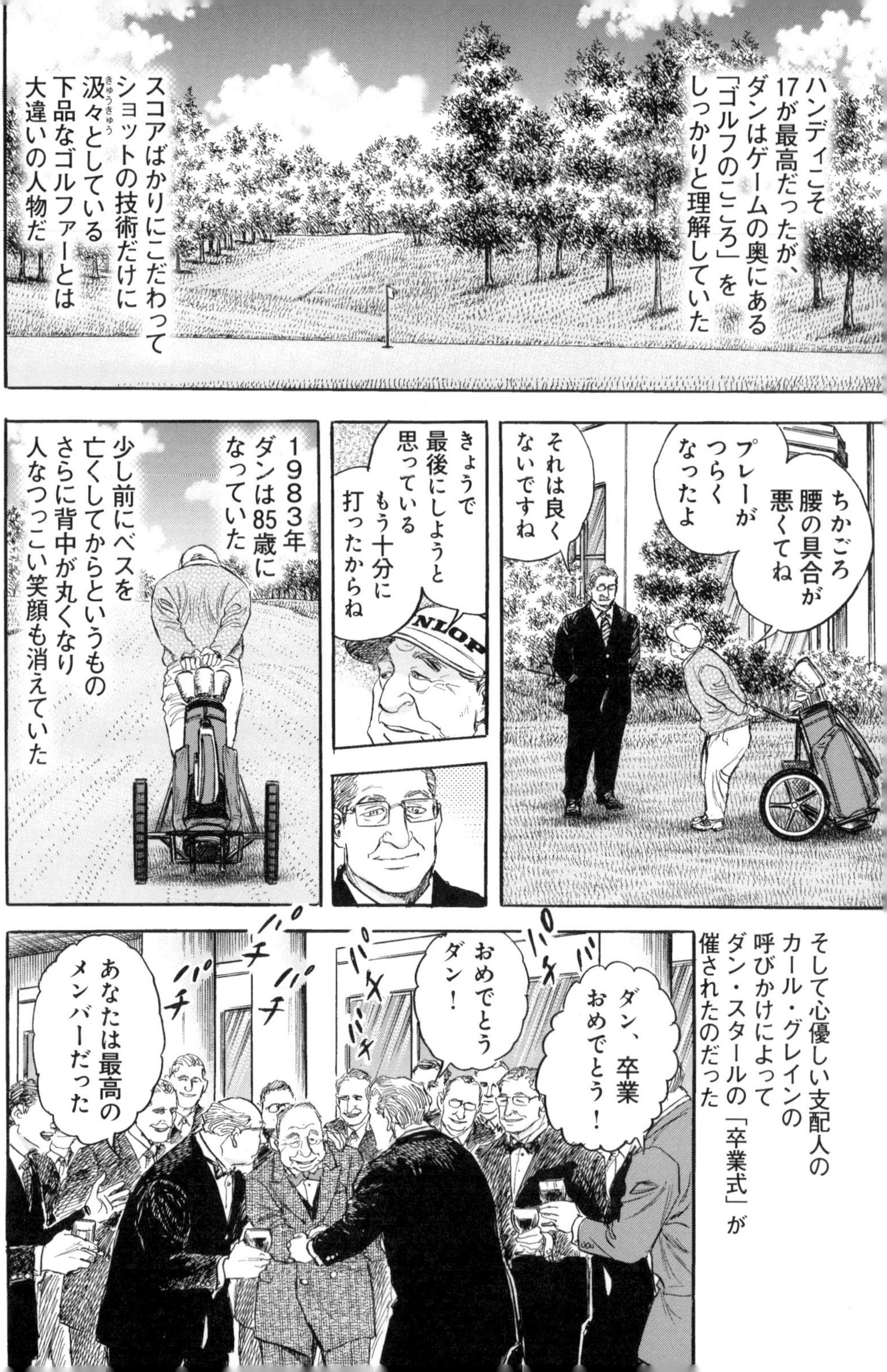
ハンディこそ17が最高だったが、ダンはゲームの奥にある「ゴルフのこころ」をしっかりと理解していた
スコアばかりにこだわってショットの技術だけに汲々《きゅうきゅう》としている下品なゴルファーとは大違いの人物だ
ちかごろ腰の具合が悪くてね
プレーがつらくなったよ
それは良くないですね
きょうで最後にしようと思っている
もう十分に打ったからね
1983年ダンは85歳になっていた
少し前にベスを亡くしてからというものさらに背中が丸くなり人なつっこい笑顔も消えていた
そして心優しい支配人のカール・グレインの呼びかけによってダン・スタールの「卒業式」が催されたのだった
パチ パチ パチ パチ パチ パチ パチ
ダン、卒業おめでとう！
おめでとうダン！
あなたは最高のメンバーだった

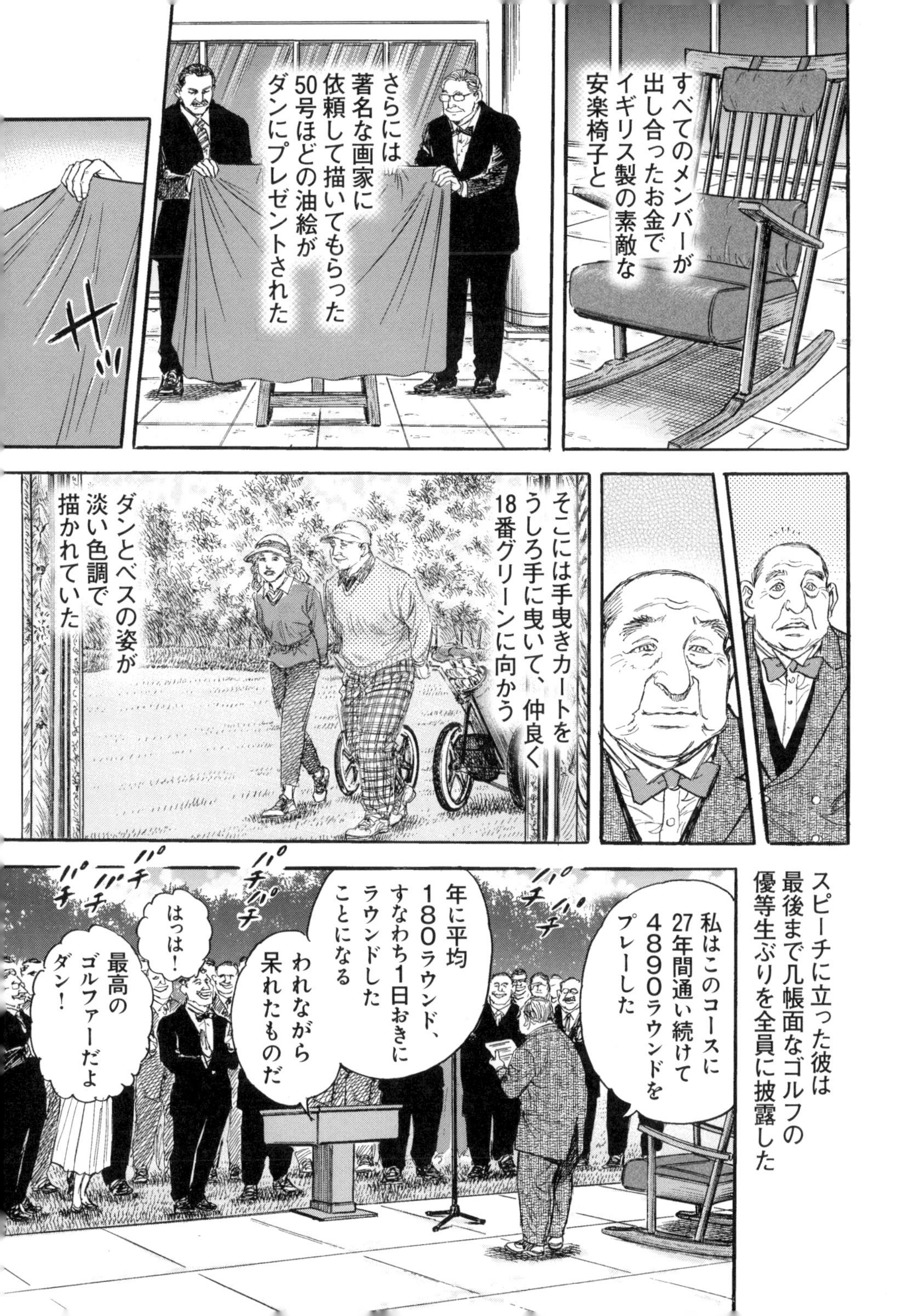
すべてのメンバーが
出し合ったお金で
イギリス製の素敵な
安楽椅子と
さらには
著名な画家に
依頼して描いてもらった
50号ほどの油絵が
ダンにプレゼントされた
ザッ
そこには手曳きカートを
うしろ手に曳いて、仲良く
18番グリーンに向かう
ダンとベスの姿が
淡い色調で
描かれていた
スピーチに立った彼は
最後まで几帳面なゴルフの
優等生ぶりを全員に披露した
パチパチ
私はこのコースに
27年間通い続けて
4890ラウンドを
プレーした
パチパチ
年に平均
180ラウンド、
すなわち1日おきに
ラウンドした
ことになる
われながら
呆れたものだ
パチパチ
パチ
はっは!
最高の
ゴルファーだよ
ダン!

ゴルフを始めた日から、私はゲームに関するすべてのことを日記につける習慣を持ったが
先日、日記帳を勘定してみたら500冊に達していた
ここでの27年間私は自分のゴルフ人生を統計してみた
この間に失ったロストボールが1638個
支払ったグリーンフィーが7387ドル
さらに9個の小型キャディバッグと6台の手曳きカートを消耗した
また、私と妻のベスは、コース内で遊ぶ小鳥たちに
1400ローフのパン屑を与え大嫌いなヘビ126匹を殺した
幸いなことに27年間のうち雨にたたられたのは、
たったの52回であった
以上が私のゴルフのすべてであり、
皆さんの友情とコースの人々の努力に対して、
心からありがとうと申し上げたい
私はこのコースの卒業生であることを誇りに思っている
ダン・スタールは拍手の中を贈られた安楽椅子に深々と腰を降ろした
パチパチ
パチパチ
パチパチ
パチパチ
パチパチ
パチ
前例のないゴルファーの卒業式は感動的に終了し、翌年の春
彼は静かにベスの待つ国に旅立って行った

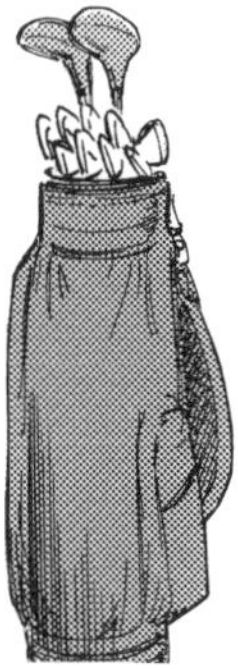

第7話
巨象、選手を踏みにじる

このプレストウィックは
1851年に開場され
第1回の全英オープンが
行われた由緒深い
しかもひどくタフなコースである

最終日を迎えて、風雲急を告げる事態となった
地元出身の二人の人気プロが、1位と2位に並んだのである

カーヌスティ出身のマクドナルド・スミス
通称「マクスミス」と
コーンワル出身のジム・バーンズの二人だ
3日目が終わったところで
トップのマクスミスは
5打の差をつけてバーンズを引き離し
独走態勢に入っていた。
人々は歓喜した

ついに、あのマクスミスが優勝するぞ！
2位に5打差だぜ！
もう間違いない
スリムで愛想のいい彼は地元の人たちから我が子のように愛されていた
そうでなくともここ2年連続して3位入賞
そろそろ優勝してもおかしくない実力者である
多くの人が笑顔の爽やかなアイドルわれらがマクスミスの雄姿をひと目見ようとプレストウィックに殺到した
主催者側は、こうしたファン心理を十分に把握していなかった
いつも通りロープを持った30人ほどのボランティアが各所に配置されただけだった

ところが
信じられないパニックが
発生しはじめていた
グラスゴー、エア
アーヴィン、トルーンから
記録的来客を満載した
列車が次々に到着するたびに
ギャラリーの数は
まるで昆虫の「浮塵子《うんか》」が
湧くようにとめどもなく
広がり
1番ホールに
向かって
走り続けた
この1925年当時は決勝
ラウンドに残った全員の
名前を紙に書いて帽子に入れ
それを選手が
引いて順番を
決めていた
マクスミスの不運はクジ運に
端を発していたといえる
ライバルのジム・バーンズが
早い時間にスタートして
いったのに対して
彼は、ギャラリー満載の
列車が到着し終わった
午前10時すぎ
1番ティーに現れた
マクスミスは
あまりの光景に
息をのみ
呆然と
立ちすくんだ

およそ2万5000人を超える大観衆が見渡す限りの景色をすっかり埋めつくしているではないか
頑張れマクスミス！
私がついてるよ！
万を超す群衆が必死になってわめき、叫び声が地鳴りとなってフェアウェイをゆるがしている
さらに人々はより近くにとジリジリと輪をせばめ物情騒然たる雰囲気に包まれていた
まるで王政打倒を果たしたフランス革命の大群衆のようである
ようやくフェアウェイに座り込んでいたギャラリーを立ちのかせ1、2番はコトなきを得たが
「カーディナル」と呼ばれる3番ホールまでくると
ボールの落とし場所とおぼしきあたりがわずかに白く見えるだけで
あとはアンジュレーション通りに見渡す限りの人の波、また波

係の者が走り回って興奮した群衆を追いやるのに20分
マクスミスは途方に暮れた表情でティーグラウンドに座り込んでいた
この中断もまた悪い予兆の始まりだった
案の定ティーショットを右に押し出し
2打目は反対側のもっと深いラフに打ち込んで
このホール6を叩いてしまった
一方のバーンズは快調に無人の野を走っていた

大群衆にもみくちゃにされたマクスミスが、ようやく9番を終わらせ
「42」を打ってしまったの対して、バーンズは悠々「36」のあがり
この時点で早くも首位が入れ替わっていた

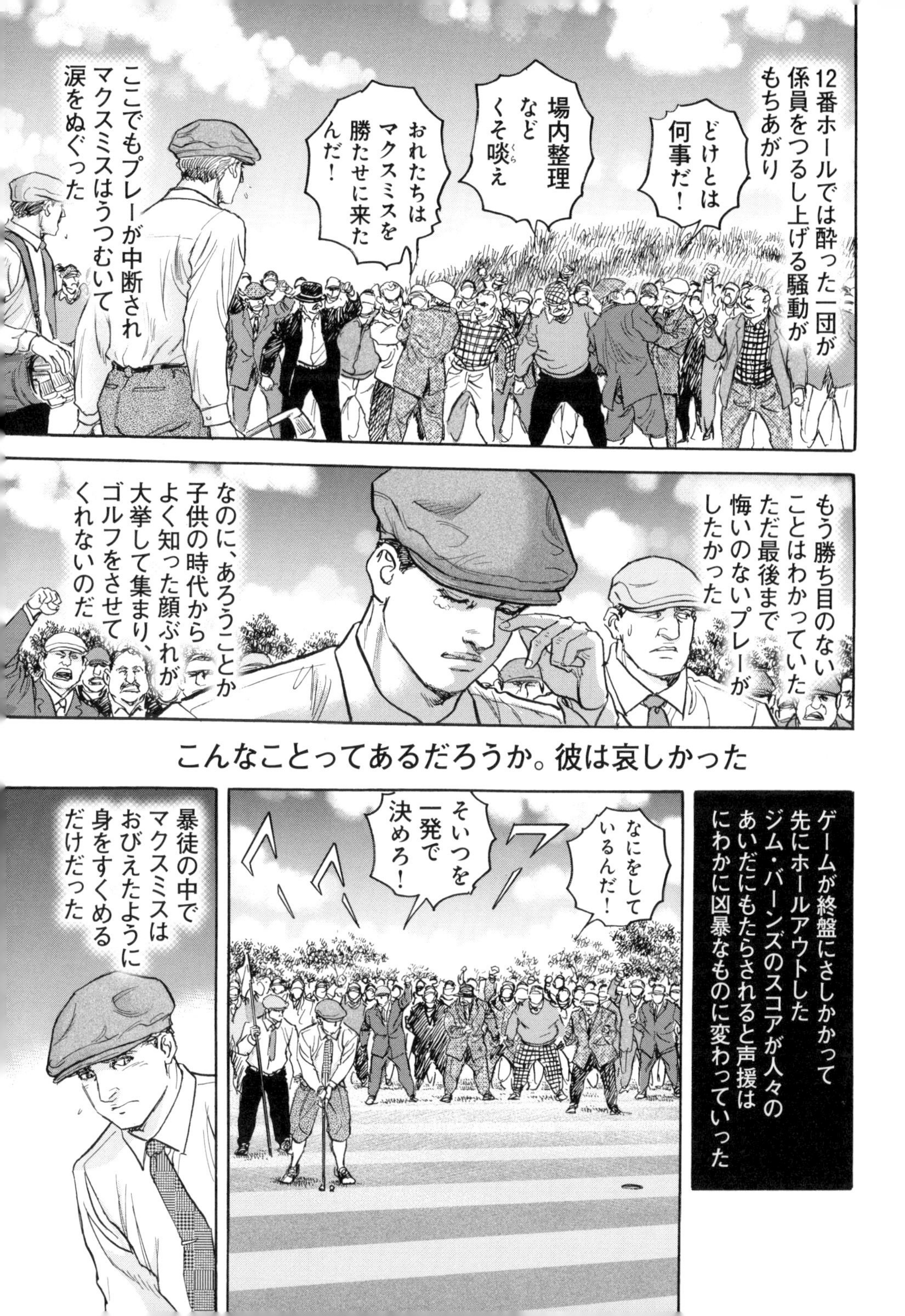

12番ホールでは酔った一団が係員をつるし上げる騒動がもちあがり
どけとは何事だ！
場内整理などくそ喰《くら》え
おれたちはマクスミスを勝たせに来たんだ！
ここでもプレーが中断されマクスミスはうつむいて涙をぬぐった
もう勝ち目のないことはわかっていたただ最後まで悔いのないプレーがしたかった
なのに、あろうことか子供の時代からよく知った顔ぶれが大挙して集まり、ゴルフをさせてくれないのだ
こんなことってあるだろうか。彼は哀しかった
ゲームが終盤にさしかかって先にホールアウトしたジム・バーンズのスコアが人々のあいだにもたらされると声援はにわかに凶暴なものに変わっていった
なにをしているんだ！
そいつを一発で決めろ！
暴徒の中でマクスミスはおびえたように身をすくめるだけだった

長い長い最終ラウンドが
ようやく終わった
地元期待の星
マクドナルド・スミスの
スコアは「82」に達し
ジム・バーンズどころか
テッド・レイ
アーチー・コンプストン
にも追い抜かれていた
彼を語るとき
必ず次のような
賛辞が
添えられる
「全英で
勝てなかった
ゴルファー
の中では、最も
偉大な選手」
しかし、この賛辞を
彼がよろこぶとは思えない
マクスミスの悲劇は
各方面に
大きな衝撃を与えた
R&Aでは事態を重く視《み》て
ついに「ギャラリー・フィー制度」の
導入に踏み切った
1927年の
セントアンドリュースでの
全英オープンから、
一人2・5シリングの
入場料をとることに決定
かくしてトーナメント有料化の
歴史がここに始まった
さらに、観客の整理がむずかしいという理由で
伝統あるプレストウィックを全英オープン開催コースの
ローテーションから外してしまったのだ
しかし、こうした事態収拾策をもってしても
マクスミスの傷心を癒《いや》せるものではない

第8話

ハスケルさんからの、贈り物

1922年12月14日付けのクリーブランド・プレス紙に
次のような死亡記事が載っている

「コバーン・ハスケル。享年54歳。癌で数カ月伏せっていた
彼はすぐれたスポーツマンとして知られ
ゴルフボールを発明した」

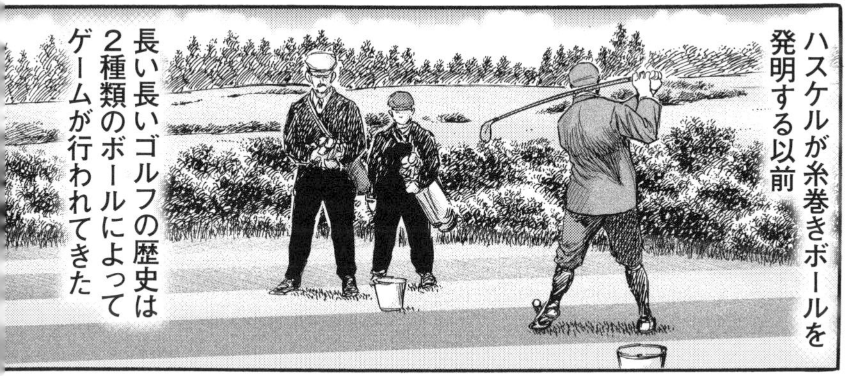
ハスケルが糸巻きボールを発明する以前
長い長いゴルフの歴史は2種類のボールによってゲームが行われてきた

18世紀から19世紀にかけて使われた「フェザリーボール」は羽根を皮のカバーに詰め込み縫い合わされたものだが
使っているうちに縫い目が擦り切れてショットの瞬間「ボン」と爆発あたり一面羽根が浮遊することも少なくなかったという

次に登場した「ガッティ」は
虫歯の充填用に
ゴムの樹液を固めた
ガッタパーチャを
タコ焼きの原理で
ボールに転用したものだが
これまた
冬は石のように固く
夏はフニャフニャで
アイスボックスに入れて
持ち歩くのが常識だった
それでも、いっぺん
「ゴルフ菌」に
感染した人たちは
羽根や虫歯の充填剤を
ひっぱたき続けて
ハスケル出現までの歳月を
凌《しの》いできた
コバーン・ハスケルは
1868年にボストンで生まれ
ハーバード大学に入ったが
卒業前にギルバート＆サリバン劇団に
加わって全米ツアーに出発
劇団をやめ
いくつかの事業を興したが
どれも途中で会社を人にくれてやり
馬や狩猟と珍本のコレクションに
夢中になるという趣味人で、
裕福な家の出である

彼がゴルフを始めたのは1895年
結婚してメイン州のブルーヒルに夏用の別荘を建て
そこで世界的富豪の初代ジョン・D・ロックフェラーと知り合ったのが縁で
この富豪から手ほどきを受けたのだからまぶしい話である
ハスケルについては不明な点が多かったが
1971年に亡くなった「ミセス・ブライハム」という老婦人が、実はハスケルの娘ガートルードだったことが判明
彼女の遺品から大量のコバーン・ハスケルの日記帳が発見され
日記には糸巻きボールを発明した当時のことが詳細に綴られていた

それによると、ゴルフを始めたハスケルの熱心さはほとんど病気の状態で
敷地の一部に4000ヤードの打ちっ放しの練習場まで作ってコースに出ない日は早朝からショットの研究に余念がなかった
もちろん、彼が打っていたのはガッティである
1897年の春ハスケルはバートラム・ワークというゴム会社の社長と運命的な出会いをする
ワークの会社では自動車のタイヤからパンツのゴム紐まで何でも作っていた
ゴム会社にハスケルのゴルフ仲間がいた関係から顔を出すうちに二人は親密になっていく
あるときワーク社長がハスケルにたずねた
そんなにゴルフはおもしろいのかね？
おもしろいもなにも
とにかく一日中ゴルフのことしか考えられないんだ

だったら何かゴルフに関連したビジネスでも考えたらどうかね
たとえばもっとよく飛ぶボールを作るとか
このとき「ワウンド・ボール」（飛ぶボール）という言葉が初めてゴルフの世界に登場している
ワーク社長のデスクの上にはゴム紐の新製品が置いてあった
ハスケルはかなりの時間その長いゴムの糸を見つめていたがやがて
バートラム上質のゴムでボールを作ってみようか！
圧縮したゴムなら飛距離も伸びるはずだ！
私はゴムの専門家だがねハスケル
残念ながらゴムと水は圧縮できないんだよ
ハスケルはワークの元に通い詰めゴムの特性について教えを乞いある日——

生ゴムの細くて平たい紐を何十フィートも作ってくれないか！
紐を伸ばして巻きつけよう！
ゴムが伸びた状態ならいくらでも固く巻くことができるはずだ！
凄いアイデアじゃないかハスケル!!
よしさっそく実験してみよう！
二人は工場で作業を始めた。それは実におかしな光景だった
汗まみれで適当な大きさで巻き上がるころになると
わっ！
きまって手からゴム玉がとび出し
時計のゼンマイが跳ねるように部屋中を暴れ回った
ようやく1個が完成した
これを何でカバーするか翌朝早くからワーク社長が活躍した
まずガッティを溶かし表面にからめたが紐の巻き方にバラつきがあり
ポン
ポン
地面に落としてみると不規則な弾み方をする

そこで芯にガッティの
小さな玉を入れ
それにゴム紐を
巻きつけた上で
ガッタパーチャの
コーティングを施した
さらにその上から
白のペイントを何度も
くり返してようやく
完成したのは4日後だった
二人は期せずして叫んだ
ジョー・ミッチェルを呼ぼう!!
「運び屋」と呼ばれたプロ、ジョー・ミッチェルは
突然の呼び出しにいぶかりながら
アクロンの1番ティーにやってきた
ジョー
何も聞かずに
このボールを
打ってみて
くれないか
なんだい
これは?
見たことの
ないボール
だな
彼はドライバーで
ボールを叩いた

フェアウェイのかなたには大きなバンカーがあって
それまでに誰一人としてそこを越したことがなかった
ひゃっほ〜〜っ!!
1899年4月11日
ハスケルの発明は特許NO622・834の番号で受理されている
「飛び方が均等でコントロールしやすい」
ボビー・ジョーンズは糸巻きボールの長所に触れコラムにこう書いている
「ゴルファーは“ハスケルさんからの贈り物”に感謝の気持ちを忘れてはならない」と

第9話

塀の中の懲りないゴルファー

C・ブラームスがあの偉大なる音楽家の末裔であったかどうかはわからないが
20世紀のブラームスはコネチカット州の司法事務所の助手であった

彼は車の中で女友達にピストルを1発
それも豊かなお尻に向けて発射した
弾丸は濃密に詰まった脂肪によって勢いが弱められたものの脊髄の一部を損傷、彼女にマヒが残り、ブラームスには12年の懲役が宣告された

男女のトラブルの原因など知れたものでスライスの原因のほうがはるかに複雑だ

彼は州立刑務所に収監された
この段階ではまだクラブを握ったことがなかった

ところが所内でゴルフに関する映画を見せられて異様な興味を抱く
この話はE・ネイサンという元刑務所長が書いた『天国でもなく、地獄でもなく』という本に収録されていたものだが
ブラームスをゴルフの世界に誘《いざな》った２本の映画は
おそらくボビー・ジョーンズとベン・ホーガンの映画ではないかと推測される
彼は外部からゴルフに関する図書ばかり際限もなく送ってもらう
Golf's Greatest
ONE WEEK IN JUNE
THE
U.S. OPE
King of Golf
FIVE LESSONS
GOLFER'S eBOOK GIFT SET
THE 1986 MASTERS
FROM THE LINKS: GOLF'S MOST MEMORABLE MOMENTS
GOLF'S ALL-TIME FIRST, MOSTS, LEASTS, AND A FEW NEVERS
日中は使役労働があるので夕食後から就寝までが読書の時間だった
1年後、山のように積まれたゴルフの本は檻の中を占拠し
やがて本は同室者からの苦情によって図書室に移されるが
その本棚の一角には囚人たちからこんな名前がつけられた
Music room of Brahms
「ブラームスの音楽室」

ある日 ネイサン所長の ところにやっかいな 請願書が舞い込んだ
一人の囚人がアイアンの差し入れを 許可してほしいと
大バカ野郎の タチの悪い 冗談だッ！
所長は怒って言下に却下する どう考えても ゴルフクラブは立派な凶器だ ブラームスを呼びつけ噛みついた
でも 私はゴルフを してみたい
けっこうな話だ 私もゴルフは 嫌いじゃない！ しかし お前さんは自分が いまどこにいるのか 肝心なことを 忘れている！
ここは 刑務所だ！ 金網が張って あっても練習場 じゃない！
お前は囚人 なんだ ブラームス!!
それでも懲りずに ブラームスは数十回の 請願をくり返している
1962年4月 刑務所に副知事が やってきて こう話を 持ちかけた

運動の時間だけ
「空いている檻のなかで
外に看守を立たせ
ブラームスにクラブを渡す
30分後、
クラブを看守に返してから
檻の鍵を外す」という
条件であった
この一事から推察するに、ブラームスの身内
には相当な実力者がいたようである
ここからが実にアメリカ的
というか、わが国の刑務所からは
予想もできないことだが
ブラームスは
休憩時間だけ
独房に入って、いよいよ
スウィングに取り組むのである

そして思わず笑ってしまうのが次のくだりだ

「膨大な量の技術書を
読み漁ったにもかかわらず
私が見に行ってみると
彼のスウィングはぎこちないの
一言につきた

スウィングの各部分に
ついては
造詣が深くても
それらをつなぎ合わせる
ためのリズムとタイミングが
まるで駄目だった
カク
カク
カク

そこで私は彼に
アドバイスを与える
ことにした」

なんのことはない
所長も相当な〝教え魔〟
だったようである

1964年にはまさにボビー・ジョーンズの再来を思わせるような見事なスウィングを身につけるまでになった
仮釈放を前にした彼を伴って所内の農園に出掛け
時間の許すかぎり実際にボールを打たせたが
その正確さときたら
150ヤード先の細い畝《うね》の上にぴたりと白球の山が築かれるほどすばらしいものだった
ブラームスは本当に模範囚だったが
ついに5年間の刑務所暮しで人生の目標を見つけるまでに成長した
彼はプロゴルファーになることを夢見ている様子だった
1964年11月クリスマスが1カ月後に迫った日
12年の刑を5年でつとめ上げたブラームスは無事出所する所長は彼に自分愛用のパターを贈りたずねた
いったい5年間で何冊くらいの本を読んだのかね
入手可能な本は全部読みました暗記した本も5、6冊あります
でも……

1行残らず暗記して その通りにやってみて 自分のフィーリングに合わないスウィングを捨てるようにしたら
結局 ボビー・ジョーンズだけが残ったのです
あの人は偉大だ 一度でいいから会ってみたい人です

ジョーンズが亡くなったのは1971年12月18日だからもちろんこの当時は存命だった

パッティングだけが課題として残された
刑務所の規則によって床をいじったり床に物を置くことが禁止されている

「パッティングの練習をさせたいと思ってもまさか所長の私が床にじゅうたんを敷くわけにもいかず
ついにブラームスはパッティングだけマスターすることなしに故郷のマサチューセッツ州に帰っていった」

1966年5月、彼はイースタン・アトランティックアマ選手権に出場して

初日78 翌日は76で 15位タイという立派な成績を残す

翌1967年の全米オープンは6月にバルタスロールで行われジャック・ニクラスが優勝しているが

オークモントのコースで予選のまた予選に出場するまでになった

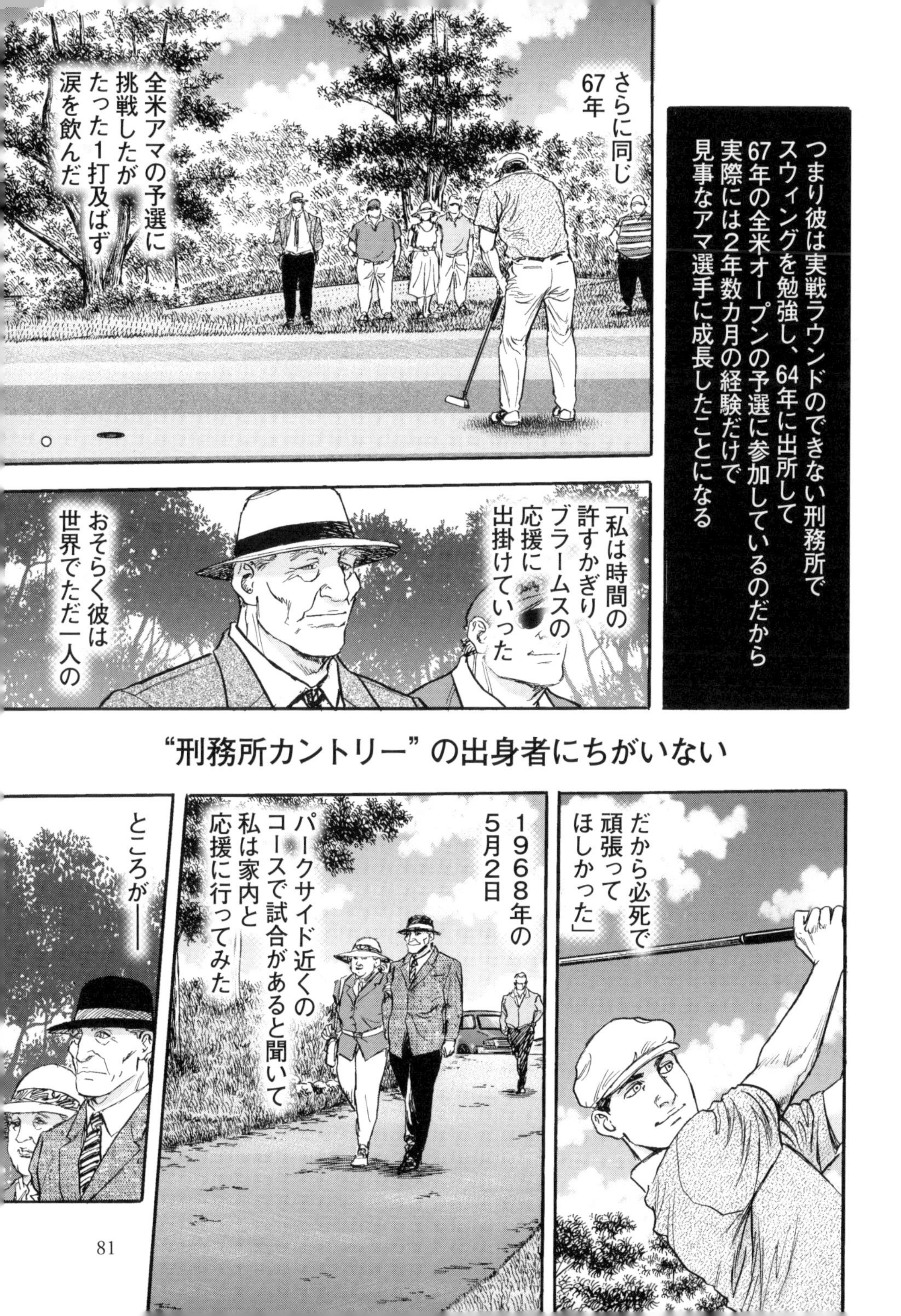
つまり彼は実戦ラウンドのできない刑務所でスウィングを勉強し、64年に出所して67年の全米オープンの予選に参加しているのだから実際には2年数カ月の経験だけで見事なアマ選手に成長したことになる
さらに同じ67年
全米アマの予選に挑戦したがたった1打及ばず涙を飲んだ
「私は時間の許すかぎりブラームスの応援に出掛けていった
おそらく彼は世界でただ一人の
"刑務所カントリー"の出身者にちがいない
だから必死で頑張ってほしかった」
1968年の5月2日
パークサイド近くのコースで試合があると聞いて私は家内と応援に行ってみた
ところが——

Y.DEREK
D.OSEAS
C.BRAHMS
A.TRISTAN
ボードの〝C・ブラームス〟の名前が2本の線で消されているではないか
これはどうしたことだ!!
君C・ブラームスの名前が消されているが
なぜ欠場したのかね!?
ああ……
その係の人はぶっきら棒にこう言った
あの選手は来ないよ
ゆうべ近くの道路で事故に巻き込まれて死んだんだ
ブ……、ブラームスが……!!
「私は目の前がなにも見えなくなって近くの木立ちの中にうずくまり
もうこのまま死ぬまでここを動かずに泣いていたいと思った」

文章で読む珠玉のエッセイ②

1990年の、ゴルファー事情

「ゴルファーならば、だれだってあっぱれな腕前に上達したいと願わぬ者はいないはずです。願うだけでなく、私も含めて努力しているのに、なぜかさっぱり上達しない。なぜゴルフだけがこんなむずかしいのか、じっくり考えた結果、ようやく真相が見えてきました。陰謀です、とんでもない陰謀が大がかりに行われているのです」

「……?」

「たとえば、鰻重《うなじゅう》だって松・竹・梅にランク分けされていますね。要するに巷《ちまた》に氾濫するレッスン書やビデオは、当たり障りのない梅クラスをわれわれに与えて、急速に上達しないように調節しているのです」

「だれが!?」

「大きな声じゃいえませんが、日本のプロゴルフ協会です。ここのところをよく考えてください。同じ人間でありながら、プロは年齢に関係なくスゴい球を打つ。あれはゴルフの奥義と秘術を記した〝松〟クラスのレッスンをどこかで伝授されているからです。

もしも、その秘伝を一般公開してごらんなさい。たちまち全員が上達して、1000万人ぐらいがプロゴルファーに転身する。その結果、トーナメントで優勝しても、1位5万円、2位3万円といった事態になる。これは、プロゴルフ協会にとっても、プロにとっても死活問題になるわけですね。だから、なるべく上達させないで興味だけをつないでおく。関係者は〝梅〟しか与えてくれないのです」

暑い季節になると、標高1000メートルの河口湖畔が恋しくなる。ここの富士桜CCと、富士レイクサイドCCにはなかなか手強いホールがあって、湖面から渡ってくる爽風を受けながら、さてきょうはどう攻めるか、夏富士の蒼《あお》く美しい姿を眺めながらプレーするのが猛暑のころの愉しみである。

コースでは、しばしば見知らぬ人と同伴する機会に恵まれる。Gさんもそんなご縁のひとりだった。年齢40歳ぐらい、小柄で饒舌《じょうぜつ》、プレーぶりは、そう、ボールを打ちながら展開し続けるゴルフ論と同じぐらいに、ユニークと申し上げておこうか。

「私は物事を理詰めで考えることが好きな男でして、3年前、ゴルフを始めたときから〝上達の方法〟について日夜研究しております。幸い、仕事のほうは女房がやってくれるのでカネとヒマはある。

これからの人生、どうやって上達するか、生き甲斐をこの一点にしぼってきました。死ぬまでに70台を出すのが私の夢です。それもケジメよく、ぴったり72で回ってみたい！」

Gさんは昼食をはさんで、プレー中もインパクトの瞬間だけ口を閉じるが、あとは私にすり寄って延々としゃべり続けた。その話を総合すると、たしかに陰謀らしきものが見え隠れするから不思議である。

つまり、ゴルフがうまくなるためには、1、プロに習う。2、レッスン書を読む。3、家庭内練習に励む。4、自分に合った道具を見つける。以上4つの要素がうまく嚙み合って、はじめて複合効果が表れるものだとGさんは考えた。

そこでまず、家の近くの練習場に通ってグリップから学び始めたが、3年間で五人のレッスンプロを乗り換えたという。

「だって、おかしいですよ。いい球を打ったときだけ、よしよし。悪いときには、早い早い。五人が五人、こればっかりです。いま六人目の先生のところに通ってますが、なにしろ生徒がみんなプロになったら困るから、当たり障りのないことばかり少しずつ教えてくれるだけで、プロ並みのショットの打ち方は、まったく教えてくれません」

そこで、どこかに秘伝となる書物が存在するのではないかと考えたGさんは、これまでに10回以上も高級車を自ら運転して上京、都内の大手書店のゴルフコーナーのあらましを買い漁った。

「読めば読むほど、疑惑は濃くなるばかり。頭の中は蜂の巣をつついたような混乱です。いいですか、たとえばボールを置く位置ひとつを取り上げてみても、左足かかと線上は不変であるというプロ、クラブによって位置は変わるというプロ、ばらばらです。

まだ打ってもいないボールでさえ、どこに置くのが正しいのか、われわれはいまだ正解をもらっていないのです。ましてやスウィングに至っては百冊百論、どれを信じていいものやら途方に暮れるばかりです」

本を読んでヒントを得ると、自宅の庭に作った練習場に走って行って、深夜であろうとショットを試みる。そのためにナイター設備も用意した。

「アメリカのプロ、日本のプロ、たいていの本は読みましたが、ぼんやりした球の打ち方しか書いてませんね。日米共同歩調というわけです。彼らは絶対に秘訣を教えようとしません。われわれは永久に迷える小羊で終わると思います。もうこれ以上、プロはいらんという政策に嵌《はま》った哀れな小羊です」

Gさんは、フルセット170万円もしたというオーダーメイドのクラブに、象の本革の180万円のキャディバッグ、1本55万円の天然石使用のパターでゲームに臨んでいた。

「あれこれ道具も1000万円ほど買い込んでみましたが、クラブメーカーの姿勢は高く評価しています。アマチュアに、いかにいいボールを打ってもらうか、開発は日進月歩の勢いがあります。

問題は打ち方を教える側にあるだけです。もしかしてどこかに、瀕死の患者に打つカンフル注射のようなゴルフの特効薬があるのではないか、あるいは焼けつく砂漠の真ん中でキーンと冷えたビールにありついたような、そんな干天の慈雨をもたらしてくれるレッスンプロがいるのではないかと、いまだ希望を捨てずに歩き回っています」

聞けばGさんの1週間は、日曜を除いてゴルフ漬けだった。月水金がプレー、火木土が練習場通い。冬にはグアム、ハワイを転戦、来年までに英会話を勉強して、できたら、フロリダのゴルフスクールに1カ月ほど留学したいという希望も持っている。

「なぜ皆さんは、プロとアマに大きすぎるほどの差があることに目を向けないのか、それが不思議でなりません。

私は、プロ用の打ち方を教えてくれる先生か本に出逢うまで、あきらめないつもりです。必ずどこかに不老長寿の秘薬と同じ、秘伝が存在すると信じています」

人にはそれぞれ夢がある。それを壊す権利などあるはずもないから、才能とかセンスとか、余分なことは一切言わずに、私は終日Gさんの聞き役に回った。

ひたむきにゴルフを愛する人とめぐり逢えるのは微笑ましいものである。
ちなみに、その日のGさんのスコアは「92」であった。あとたった20打だけ減らせば、Gさんの夢は叶えられる。

第10話

「第12捕虜収容所」のプレーオフ

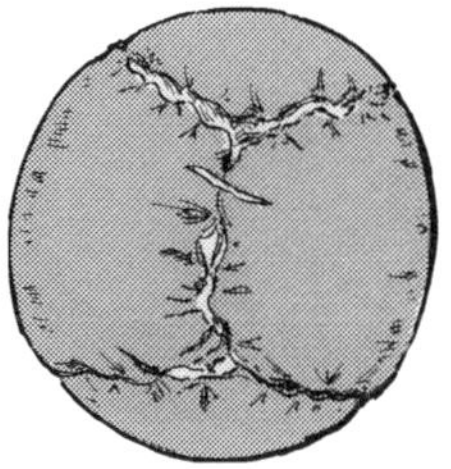

第2次大戦最中の
ドイツ、ルフトにある
ドイツ軍
「第12捕虜収容所」内に
ゴルフコースが
存在したのを
ご存じだろうか

その抱腹絶倒の顛末《てんまつ》を記事にし
紹介した男がいる

パット・ワード・トーマス
イギリスの
「ザ・ガーディアン・アンド・
カントリーライフ」社の記者である
ゴルフを哲学的に思索し
恋狂いの青年のように愛した
彼の評論とエッセイは
世界のゴルフ関係者に
影響を与え続けた
そして、やや気の短い男で
あったという

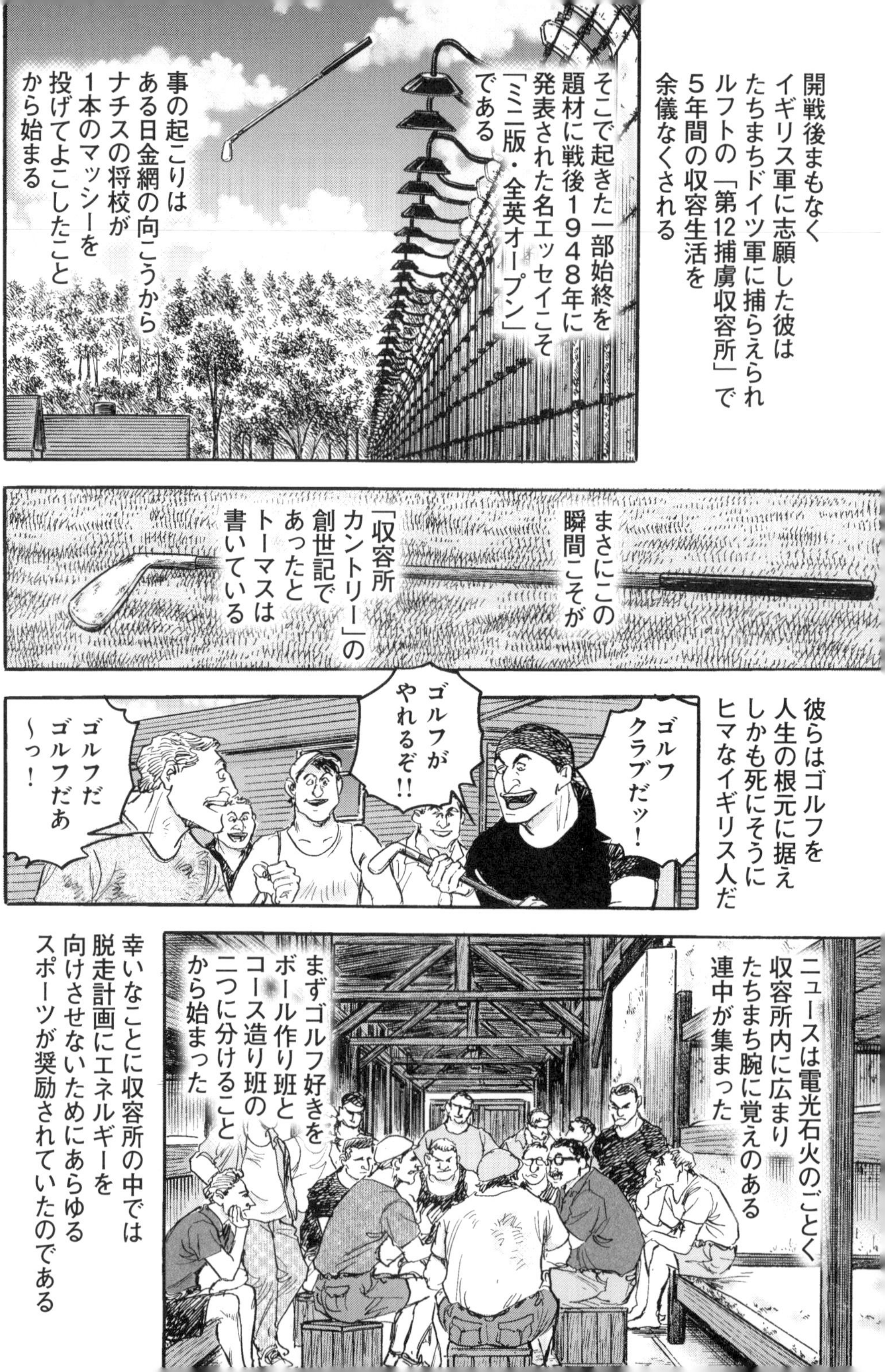
開戦後まもなく
イギリス軍に志願した彼は
たちまちドイツ軍に捕らえられ
ルフトの「第12捕虜収容所」で
5年間の収容生活を
余儀なくされる
そこで起きた一部始終を
題材に戦後1948年に
発表された名エッセイこそ
「ミニ版・全英オープン」
である
事の起こりは
ある日金網の向こうから
ナチスの将校が
1本のマッシーを
投げてよこしたこと
から始まる
まさにこの
瞬間こそが
「収容所
カントリー」の
創世記で
あったと
トーマスは
書いている
彼らはゴルフを
人生の根元に据え
しかも死にそうに
ヒマなイギリス人だ
ゴルフクラブだッ！
ゴルフがやれるぞ!!
ゴルフだゴルフだあ～っ！
ニュースは電光石火のごとく
収容所内に広まり
たちまち腕に覚えのある
連中が集まった
まずゴルフ好きを
ボール作り班と
コース造り班の
二つに分けること
から始まった
幸いなことに収容所の中では
脱走計画にエネルギーを
向けさせないためにあらゆる
スポーツが奨励されていたのである

5歳のときからゴルフに夢中
12歳でアマチュア競技の常連
14歳でパープレーを
やってのけた
パット・ワード・トーマスは
同じく捕虜になっていた
全英アマ選手
オリバー・グリーンと共に
全体の進行を
監督することになった
オリバー・グリーンは
のちにウォバーンGCの
理事長を務めている
便利グッズが続々と
出てくる映画とは違い
実際の収容所は
歯ブラシとひげ剃り
粗末な衣類が
あるだけの場所だ
そこでゴルフボールを
作るのは想像以上に
むずかしいことであった
おお、トーマス
この靴底の
ゴムはボールに
使えんか!?
おお！
それを丸く
削ればボールの
芯になるな！
よし
衣類をほどいて
長い糸を
作ってくれ！
よし
きた！

それを根気よく巻きその上から靴の底をかぶせ縫い合わせたが
うーんどうもしっくりこないな
重さが違う
ちょっと大きくないか
中には目を閉じて1時間も手の中でボールを転がす者もいた
4個目の試作品が完成したとき異口同音に
これだっ!!
と叫んだ
このボールは現在R&Aの資料室に保管されているが
驚いたことに直径1・62インチ重さ1・62オンス
つまり本物とまったく変わらないというから面々のこだわりには脱帽である
一方、「グリーンキーパー」と呼ばれる作業班もコース造りに忙殺されていた

乏しい道具を使いながら9ホール、全長850《ヤード》6つのバンカーを備えたパー29のコースが完成した
グリーンは捕虜全員が足で丹念に踏み固めてトーマスによると「フライパンの底みたいに平らでしかも転がりが速かった」
木を削ったパターが2本用意されボールも6個完成しいよいよゲーム開始だ
OBについては有刺鉄線を越えたものはボールであれ捕虜であれ
たちまちマシンガンの掃射を浴びることになる
トーマス記念すべき収容所カントリーの第一打だ！
青空に吸い込まれるビッグショットを頼むぜ！
ザワ
任せとけ！
私はこのときを死ぬほど夢に見てきたんだ！

わっ！
地雷に当たるっ！
しばらくゲームから遠ざかっていた悲しさ
ボールは右に左にひん曲がりしばしば金網の向こう側へと飛び出した
そのたびに大声で歩哨を呼び彼らは地雷に気をつけながらボールを拾うのだが
なんでオレがこんな役を……
ゴクッ……
うう……
この危険な球拾いを見かねた司令官の配慮によっていくらか広い中立地帯が設けられ
これでようやくのびのびとしたスウィングができるようになった
なにしろクラブは5番アイアン程度のロフトがついたマッシーが1本だけ
これで裸地の上のボールを打ちバンカーショットを試みるわけだからパーを制するのは予想以上に至難の業といえた

それでも連中はイギリス人だ
宿舎別にトーナメントが行われ
その上位入賞者だけで
「全英オープン」が開催されることになった
当然のことだが
ノミ屋も出現して
賭け率は壁に
掲示され
ドイツ軍の歩哨
までが収容所の
通貨である
タバコを賭けに
やってきた
案の定
決勝に残ったのは
トーマスと
グリーンの二人
さすが両者とも
アマゴルフ界の
逸材
9ホール2回りの
18ホールでは
決着がつかず
プレーオフは翌日に
持ち越されたのだ
トーマス
頑張れよ！
お前にタバコ
2本も賭けた
んだからな！
グリーン
負けたら承知
しねぇぞ！
15番でイーブンに並ぶと
周囲を埋めつくした捕虜の
ギャラリーは大興奮
金網の向こう側に鈴生《すずな》りの
ドイツ兵までが
惜しみない声援を送る
騒ぎとなった

迎えた16番
グリーンのショットは
好位置に飛んだが
トーマスはひどい
トップを打ってしまい
ガッ
ああ〜ッ!!
ボールは
宿舎の床下に
消えていった
畜生!!
なんてこったい!!
短気なトーマスは
逆上してクラブを
空中高く放り投げた
おいトーマス!!
わっ!!
1本しかない貴重な
マッシーは地雷に触れて
粉々にけし飛んでしまった
トーマスはこのときの気持ちを
こう書いている。
「おのれの短気を
呪うとともに
戦いたくても
クラブがない
そこで仕方なく
勝負は引き分けに終わった」
そして
「戦争は人間がしでかす最大の犯罪だが
どれほどの逆境にあろうとも
ゴルフがあれば
退屈だけはしないものだ」と。

第11話

144ホールで、1打差に泣く

1931年の全米オープンで俺がキャディをやったときの話かい？
いいとも何度話しても語り尽くせない話だ
胃と心臓がボロボロになった熾烈を極めた戦いだったよ
プロたちから〝スモーキー〟と呼ばれるキャディのアレックス・ジノーは
普段同じオハイオ州でもアクロンを仕事場にしていたが、ある日——
ジョージ・バン・エルムからインバネスの全米オープンに来てくれないかと言われてな
俺はジョージの歯切れのいいプレーが大好きでね
それで彼のキャディをやることになり出掛けたんだがいやはやあんな試合になるとはな！
そうそうその話だ！

前の年に ボブ（ボビー）・ジョーンズが グランドスラムを やってのけ 引退しちまった
その翌年だから 盛り上がりに欠けるかと心配されたが
予想に反して 実力者が上位に 並んで押し合い へし合いの大接戦
ジョージ・バン・エルムは とくに アプローチが よかった
よし！
ピタッ
125ヤード
ピンの少し 右側って とこかな
同感 ここは手前 から行こう
俺とジョージの息は まるで恋人のように ぴたりと合っていたね
4日間 72ホールの試合が 終わったところで 優勝はいただきと 思っていたわけだ
ところが ねっちりとしぶとい "転がし屋"の ビリー・バークが
残り3ホールで 転がしまくって とうとう二人とも 「292」の 同ストローク
ズッ
並んじまった のさ

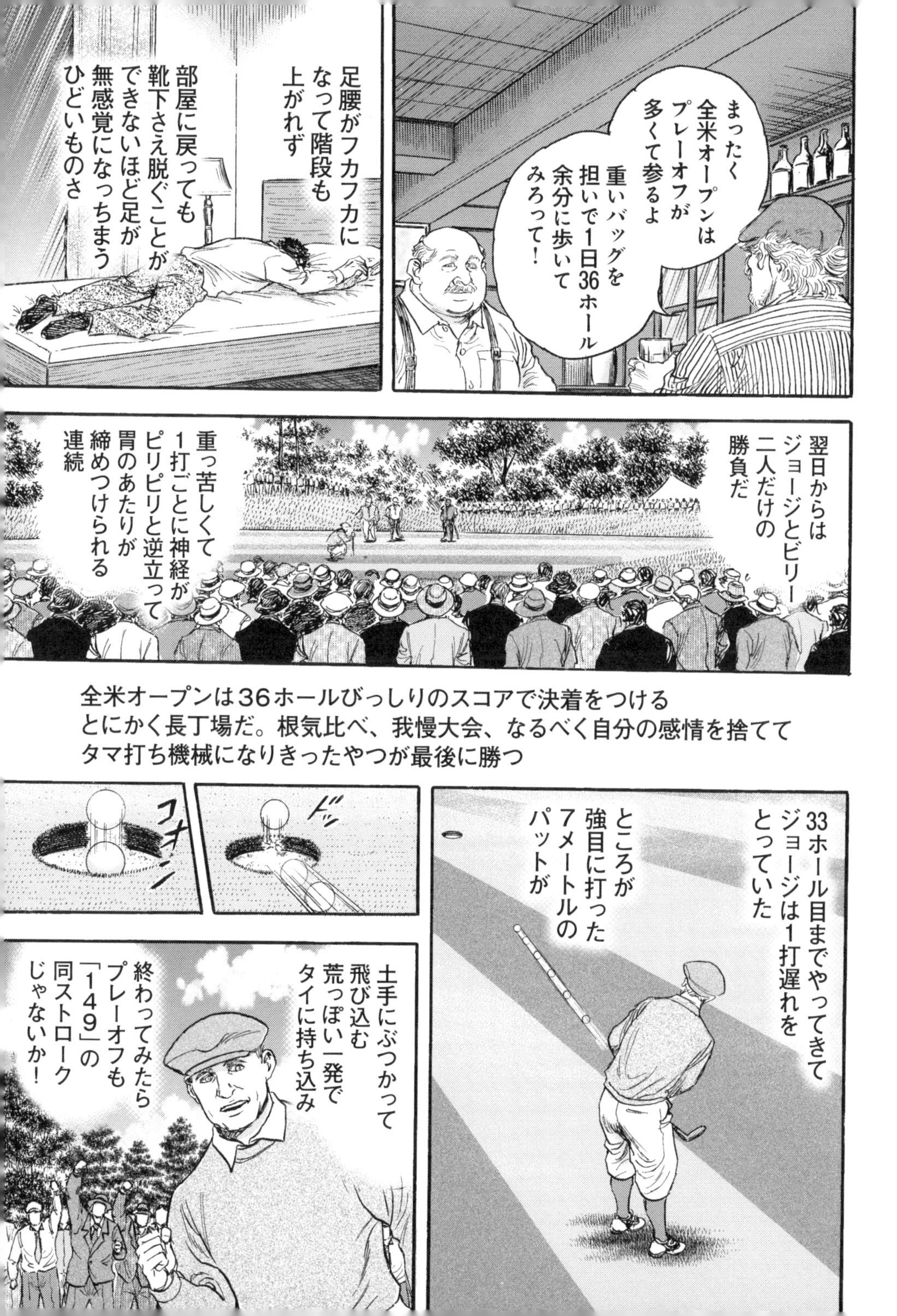

まったく全米オープンはプレーオフが多くて参るよ
重いバッグを担いで1日36ホール余分に歩いてみろって！
足腰がフカフカになって階段も上がれず
部屋に戻っても靴下さえ脱ぐことができないほど足が無感覚になっちまうひどいものさ
翌日からはジョージとビリー二人だけの勝負だ
重っ苦しくて1打ごとに神経がピリピリと逆立って胃のあたりが締めつけられる連続
全米オープンは36ホールびっしりのスコアで決着をつける
とにかく長丁場だ。根気比べ、我慢大会、なるべく自分の感情を捨てて
タマ打ち機械になりきったやつが最後に勝つ
33ホール目までやってきてジョージは1打遅れをとっていた
ところが強目に打った7メートルのパットが
ドッ
コォーン
土手にぶつかって飛び込む荒っぽい一発でタイに持ち込み
終わってみたらプレーオフも「149」の同ストロークじゃないか！

こんなこと ってあるの かね
つまり36ホール お互いががっぷり 組んで1打も 譲らなかったわけだ
俺はもう 120年も生きた 炭鉱夫のように 疲れて 口も利けなかった
うん うん
Applebees
その晩 ジョージと 食事を しているとき 彼が言った
スモーキー きみは本当に よくやって くれた
とても言い 表せないほど 感謝している
けど試合だけでも 108ホール
その前にも 36ホール 練習ラウンドを 歩いてもらった から
144ホール 休まずの日が 続いている
明日の 再プレーオフを 入れると180 ホールにもなる
そこでもし きみさえ よかったら 明日は 最終グリーンでぼくを 待っていてくれないか
キャディを 代えたいの かね?
ちがうっ!

ここまできて
誰がそんなことを
思うかっ
今日だって
できたらぼくが
代わりにバッグを
担ぎたいと何度
思ったことか！
ううっ
……
俺の闘い
でもある
たのむから
一緒に
やらせてくれ
ジョージ
あんたが勝つまで
離れずにいたいんだ
たのむよ！
食事は
のどを通らなかったが
あれほど
素晴らしい
晩餐会もなかった
俺たちはあまりしゃべらずに
酒を飲み満ち足りていた

再プレーオフの朝
ベッドから起きて
歩こうとした俺は
足に力が入らず
倒れてしまった
まるで泥酔した
ような状態だった
バスタブに
熱い湯を張り
足を漬け
しばらく揉んで
ようやく歩く
ことができた
長いことキャディを
やってきたが
間違いなく俺の足は
限界を超えていたな
だが
今日はジョージと
俺の黄金コンビが
全米オープンを
手中にする
そう思うと
新しい力が
湧いて
ならなかったよ
相手のビリー・バークは
実にいい選手だったね
ゆったりとしたリズムで
ミスしても最悪の
状況にならないルートを
堅実に選択するプロだ
とくに例の
転がしには
舌を巻いたよ
50ヤード
近くから
7番アイアンで
ピンにぴたりだ
あれは芸術と
呼びたい技だった
だれもが疲れ切ってはいたが
緊張感だけは1ホールごとに
高まっていった
27ホール目で
両者タイ
30ホール目で
ジョージが絶妙な
チップショットを
そのまま
カップに沈めて
ようやく
リードを奪った

スモーキー大丈夫かい？
いまの一発で俺は天にも昇る気分さ
チンと冷えたビールが飲みたいね
そいつはぜひおごらせてくれ
約束だぜジョージ！
試合中の選手というのは、そりゃ孤独なんだ
不安と欲強気と弱気が交錯して
ときには重圧に耐えられず自分からゲームを投げたプロも俺は何人か知っている
なるほどな味方はキャディ一人ということか
34ホール目ジョージのティショットは鉤《かぎ》型にフックして左の林に飛び込んだ
木と木のあいだが2メートルほど開いていたので、とりあえずカバーは簡単にいくと思った
カン
ところが疲れているからグリップが甘いボールは木に当たりうしろに戻ってしまった

次のショットで
フェアウェイに
打ち出して四つ目で
ようやくグリーンを
つかまえた
結局この
ダブルボギーで
1打逆転されたまま
144ホールの試合が
終わってみると
ビリーが「589」、ジョージが「590」
たったの1打、わずか1打の差
こんな残酷な
話ってあるかい
ズッ
ビールの時間
だよ、スモーキー
本当に
ありがとう
あの男は、ついに最後まで愚痴を言わなかった
まったく、大したやつだったよ

第12話
「眠れる獅子」と呼ばれた男

あのOBがなかったら スリーパットさえ しなければ…… ゴルフは後悔のゲーム
「たら・れば」に 身をさいなまれるのも 球趣のひとつだが 天才ジョー・イーザーの 場合、話のスケールが 違いすぎる
もし彼が目先のカネを欲しがらなかったら 酒と女を控えれば ゴルフの殿堂入りを果たしたに違いない
ジョー・イーザーの浪費癖は生半可ではない 洋服や靴ならまだしも、何を考えたのか 免許もないのに小型飛行機を買ったり 住む予定もないのに17世紀の古城を買ってみたり
あいつの 浪費癖は ほとんど ビョーキだね
ひところペアを 組んでいた ヘンリー・コットンも 匙《さじ》を投げた 格好だった

もちろん当時のプロにこれほどの
大金が持てるはずもなく
ジョーの収入は「類《たぐ》いまれ過ぎる
特異なる才能」から得たものだ
1936年、トリノ近郊のコース
エストリエラで開催された
イタリアンオープンの前日
地元の富豪邸で開かれたパーティに
コットンと招かれた彼は
特異な才能の片鱗を披露する
その邸《やしき》の
庭園には
ゴルフ好きの
主人によって
ショート
コースが
造られていた
どうです
ミスター
コットン
この7メートル
ほどの立木の後ろから
梢を越えて50ヤード先
のグリーンにボールを
乗せられますか
コットンは
フェースを思いきり開いて
十発全部を
ピンにからめた
次はジョー
あなたに座興を
お願いする番です
何をやって
いただけますかな？
いいです
とも
ニコッ

失礼ながら
ここのグリーンは羊の1個連隊が通過したばかりとお見受けする
35ヤード手前のここからアプローチをします
もしこの3個のボール中1個でもカップに沈んだら奇跡といえます
さてどなたか私と賭けをしていただけませんか
一発で沈めるたびに1000リラ
私が全部ミスしたら500リラを払います
面白い!
乗った!
私も乗るわ!
たちまち20人近い紳士淑女が手をあげた
ニコッ
では
スー……
リハーサルは一つで十分
皆さん、支払いのご用意を
おどろいたことに二発目、三発目ともにホールイン
拍手喝采の中を泳いで回り4万リラ近くを手にしたのである

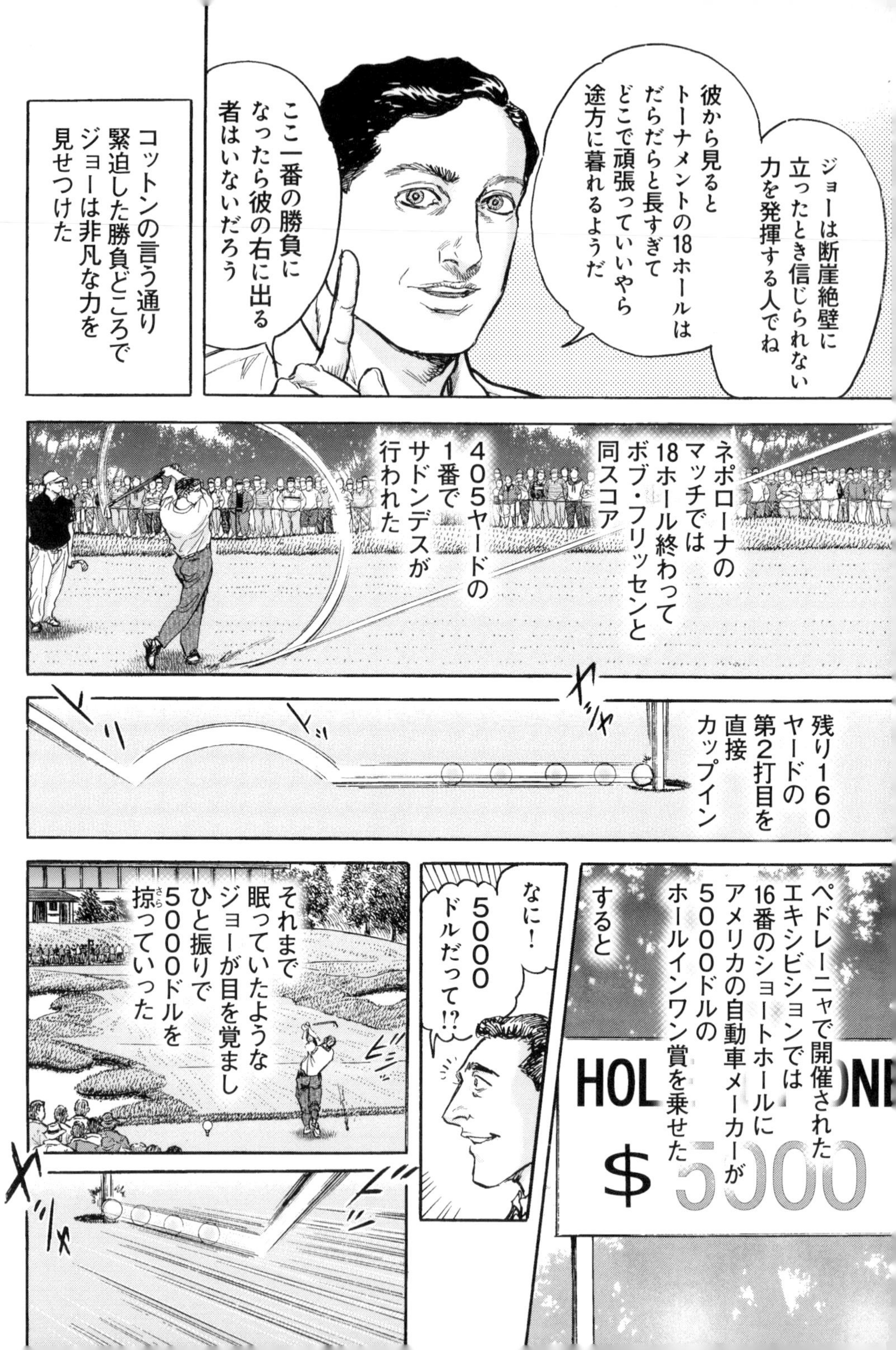
ジョーは断崖絶壁に立ったとき信じられない力を発揮する人でね
彼から見るとトーナメントの18ホールはだらだらと長すぎてどこで頑張っていいやら途方に暮れるようだ
ここ一番の勝負になったら彼の右に出る者はいないだろう
コットンの言う通り緊迫した勝負どころでジョーは非凡な力を見せつけた
ネポローナのマッチでは18ホール終わってボブ・フリッセンと同スコア
405ヤードの1番でサドンデスが行われた
残り160ヤードの第2打目を直接カップイン
ペドレーニャで開催された16番のエキシビションではアメリカの自動車メーカーが5000ドルのホールインワン賞を乗せた
すると
$ 5000
なに！
5000ドルだって!?
それまで眠っていたようなジョーが目を覚ましひと振りで5000ドルを掠《さら》っていった

ライ・リンクスでは
15番が終わったところで
ギャラリーから情報が
もたらされた
ジョー
お前さんが
あと2打で
トップと
並ぶぜ!
すると
3打縮めれば
優勝だな

このときも眠って
いたような目を
パッチリ開いて
16、17、18番を
バーディで
締めくくり
まさかの
逆転優勝を
やってのけた

評論家たちは「短距離ランナー」と言い、他の選手たちは「プレッシャーを愛する男」と呼んだが、どちらもジョーの瞬間的な集中力を言い表している
瀬戸際に見せるショットの凄さにかけては、誰もが舌を巻いた

1ホールだけの
勝負だったら
ジョー・イーザー
は無敵だ
過去に7回ほど
彼と1ホールだけの
マッチを戦ったが
一度も勝てなかった
彼の集中力は
神がかりだよ
(ウォルター・ヘーゲン)
ジョーに持続力が
あったなら、世界中の
タイトルを総なめに
しただろう
(サム・スニード)
だが、36ホールはおろか、18ホール
でさえ緊張が持続しないのだ

豪華なキャメルのコートが自慢のシャレ者が
実は奇病の持ち主ではないかと疑ったのが一緒にプレーしたR・リンディック博士だった
おそらく傾眠症と思われる
これは脳波とホルモンの関係で不意にスーッと眠くなるものだ
場所と時間を問わないからプレー中にうつらうつらしても不思議でない
私と一緒のとき
彼はラフの立木に寄りかかって短い時間だが寝息を立てていた
天才と言われながら肝心なところで息切れしてしまうジョーはどうやら奇病に苦しむ男であったようだ
もし彼の脳波とホルモンが落ち着いていたら
そう、おそらく1936年のイタリアンオープンで見せたように人間離れしたプレーで世界を席捲したに違いない
パーティの席でジョーをけしかけたのは自動車王フィアットの社長だった

あなたのゴルフは天才だとヘンリー・コットンが言ってます
自分のスコアを予告してその通りにプレーできますか？
まだ試したことはないが
私を興奮させるだけのおカネを賭けてくだされば
ぜひ挑戦してみたい話です
では66で回ったら5000リラ
65なら1万リラを差し上げましょう
64ならば？
5万リラに私どもの車を1台！
ニコッ
翌日ジョーは1番から目を大きく見開き神技のようなショットを放ち
信じられないほど長いパットを次々と沈めた
カコン

当時の5万リラといえば途方もない大金
彼は生まれて初めて真剣にプレーに取り組み
本当に64で回ってしまった
パチパチ
パチパチ
お見事ですジョー！
あなたは世にも稀な本物の天才です！
ニコッ
1967年の秋フロリダの道をドライブしていたローズベイGCの支配人が路肩でパンクを直しているとき
すぐ近くで道路工事の数人が立ち働いていた
その中の一人ヘルメットをかぶった老人の顔を見て支配人は声をかけようとしたが
思い直してその場を立ち去った
ジョー・イーザーの消息は、それが最後になった

第13話
68歳の倶楽部チャンピオン

ウィリアム・シンクレアという人物を紹介するのはほかでもない
ぐるり身辺を見回すと次のような愚痴をこぼす人がきまって一人や二人いるからだ
近ごろさっぱり飛ばなくなってねェ!
老眼のせいかパットが全然入らないんだ!
トシを取ると集中力がなくなって困る!
これからはスコアより健康第一のゴルフだなあっはっはー
なにもかもトシのせいにしてまったく情けないったらありゃしない
こういう人に限って最後にひとこと
いやあ!
むかしはオレもずいぶん飛ばしたもんだよ
と、つぶやく

ウィリアム・シンクレアがセントアンドリュースのクラブ選手権で初優勝したとき、彼は64歳だった
まさかと疑いこれは誤植に違いないと思う向きのためにもう一度申し上げるが
64歳でクラブチャンピオンを獲得したのである
そればかりか66歳と68歳でも優勝し
合計３回
名誉あるセントアンドリュースのクラブ選手権を手中にしているのだ
この事実が私の胸を熱くする
64歳の優勝はとても失礼な言い方だがフロックということも考えられる
当たりまくった上に運も味方する例はままあることだ

しかし、66歳、68歳のときには課せられた名誉という重圧に加えて老いとの闘いも余儀なくされ
その辛さは老骨も折れんばかりのものがあったと思う
わが国の〝数え年〟計算でいけば70歳近いではないか
ゴールドシニアとか称して自らじじむさく振る舞うお歴々よ
シンクレアは若き強豪が群がるセントアンドリュースの選手権にすっくと乗り込み
並みいる若僧を蹴散らして三度も優勝したのだ
このことを、しっかりと肝に銘じていただきたい
精神さえ若さを堅持していればゴルファーは決してトシをとらないということを

さて、この偉大なるアマチュアをご紹介しよう
セントアンドリュースで初めてストロークプレー競技が行われたのは1759年のことである

もともとゴルフはマッチプレー方式で考案され1ホールごとに
スコットランド独特の用語で勝ち負けを告げ合っていた

同じ打数で引き分けの場合が「ライク」
1打差は「オッド」
2打差は「ツーモア」3打差は「スリーモア」
という具合である

しかしマッチプレーではクジ運が大きくものをいう不公平さがあって
1759年5月9日、ついにセントアンドリュースは「最少打数制度」
つまりストロークプレーの採用に踏み切った

さあ困ったのがゴルファーたちである
当時は22ホールあったのでその全ホールの打数を自分と同伴競技者の分なにかに書き留めねばならない

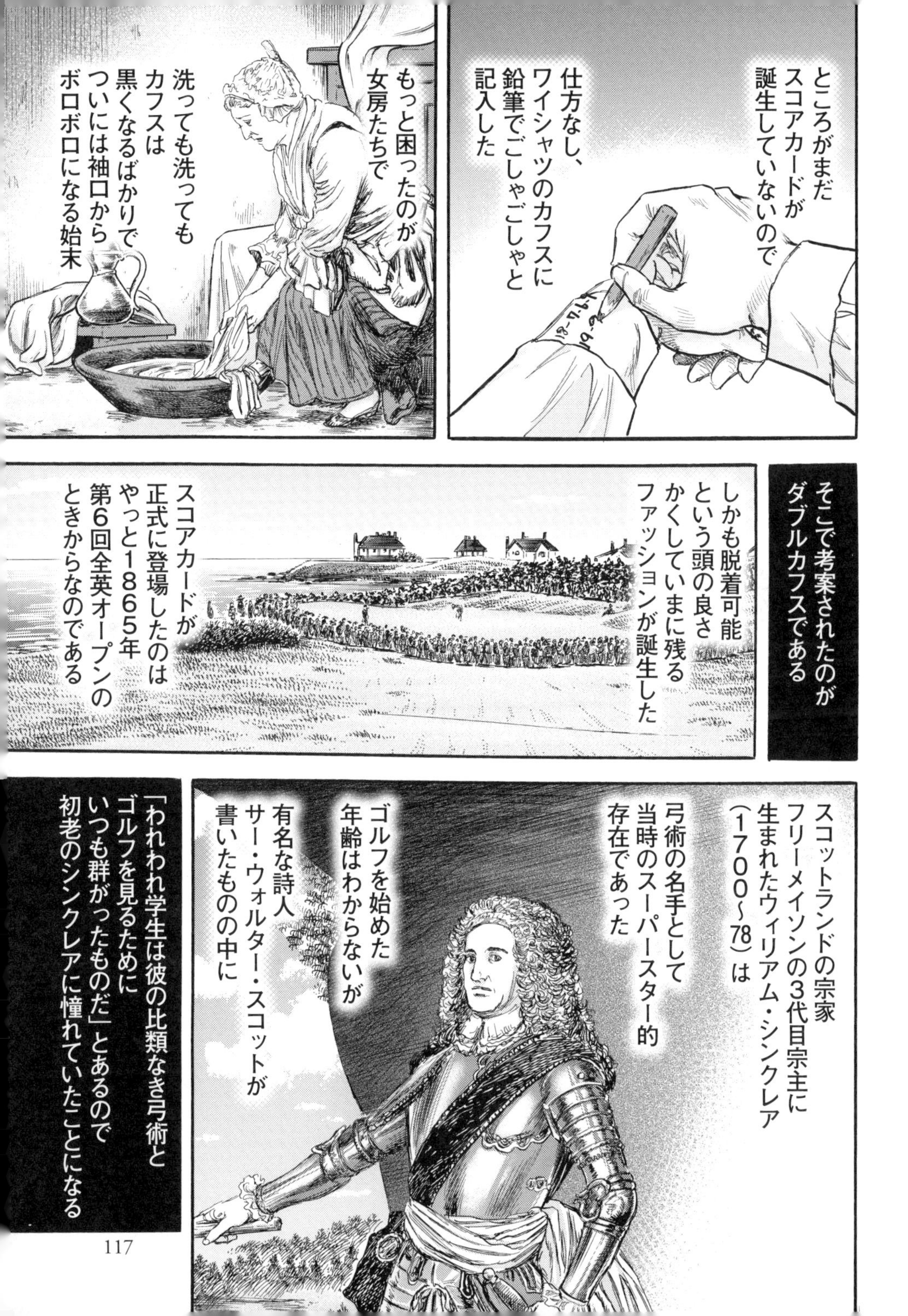
ところがまだ
スコアカードが
誕生していないので
仕方なし、
ワイシャツのカフスに
鉛筆でごしゃごしゃと
記入した
もっと困ったのが
女房たちで
洗っても洗っても
カフスは
黒くなるばかりで
ついには袖口から
ボロボロになる始末
そこで考案されたのが
ダブルカフスである
しかも脱着可能
という頭の良さ
かくしていまに残る
ファッションが誕生した
スコアカードが
正式に登場したのは
やっと1865年
第6回全英オープンの
ときからなのである
スコットランドの宗家
フリーメイソンの3代目宗主に
生まれたウィリアム・シンクレア
（1700～78）は
弓術の名手として
当時のスーパースター的
存在であった
ゴルフを始めた
年齢はわからないが
有名な詩人
サー・ウォルター・スコットが
書いたものの中に
「われわれ学生は彼の比類なき弓術と
ゴルフを見るために
いつも群がったものだ」とあるので
初老のシンクレアに憧れていたことになる

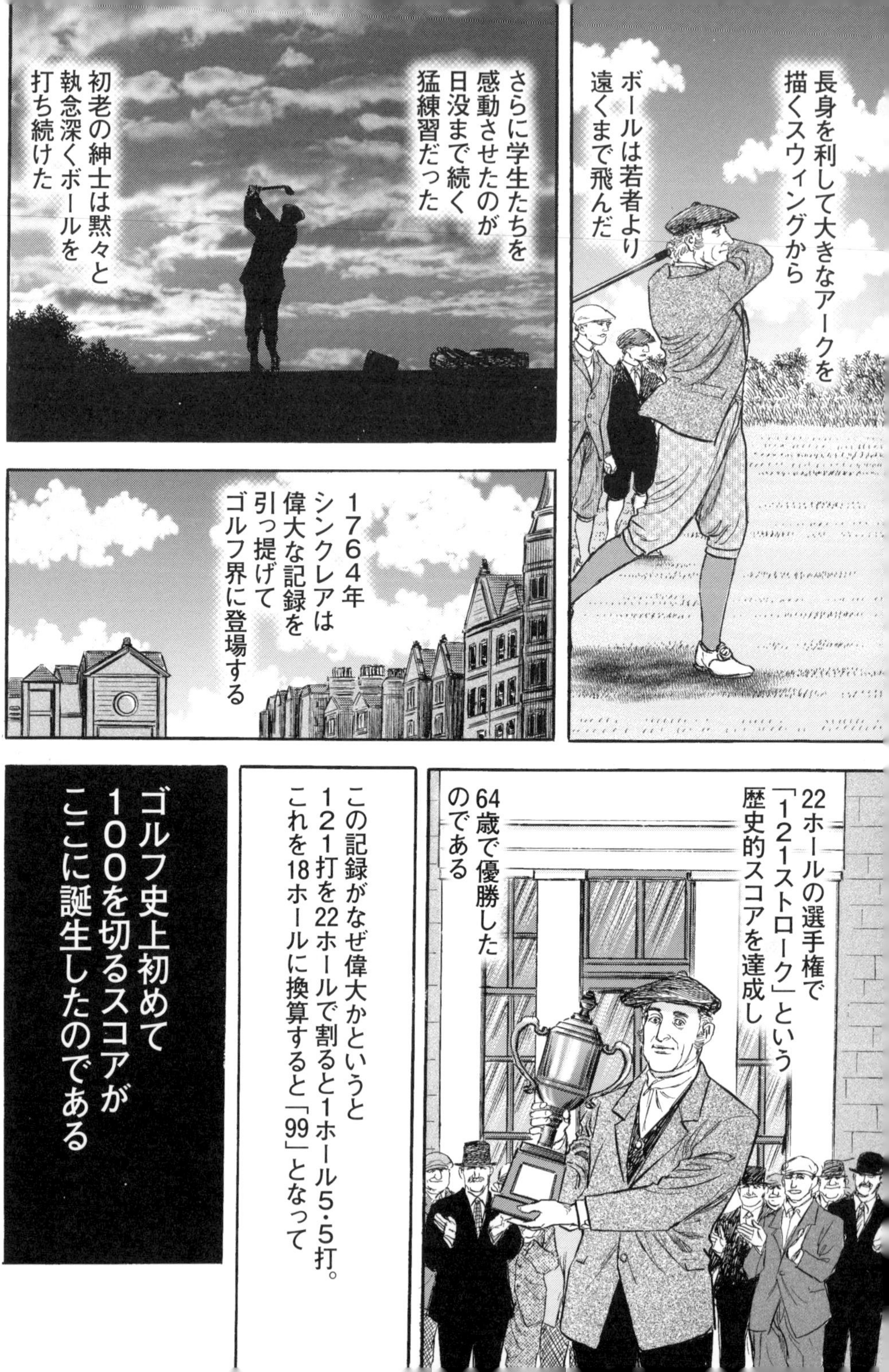
長身を利して大きなアークを
描くスウィングから
ボールは若者より
遠くまで飛んだ
さらに学生たちを
感動させたのが
日没まで続く
猛練習だった
初老の紳士は黙々と
執念深くボールを
打ち続けた
1764年
シンクレアは
偉大な記録を
引っ提げて
ゴルフ界に登場する
22ホールの選手権で
「121ストローク」という
歴史的スコアを達成し
64歳で優勝した
のである
この記録がなぜ偉大かというと
121打を22ホールで割ると1ホール5・5打。
これを18ホールに換算すると「99」となって
ゴルフ史上初めて
100を切るスコアが
ここに誕生したのである

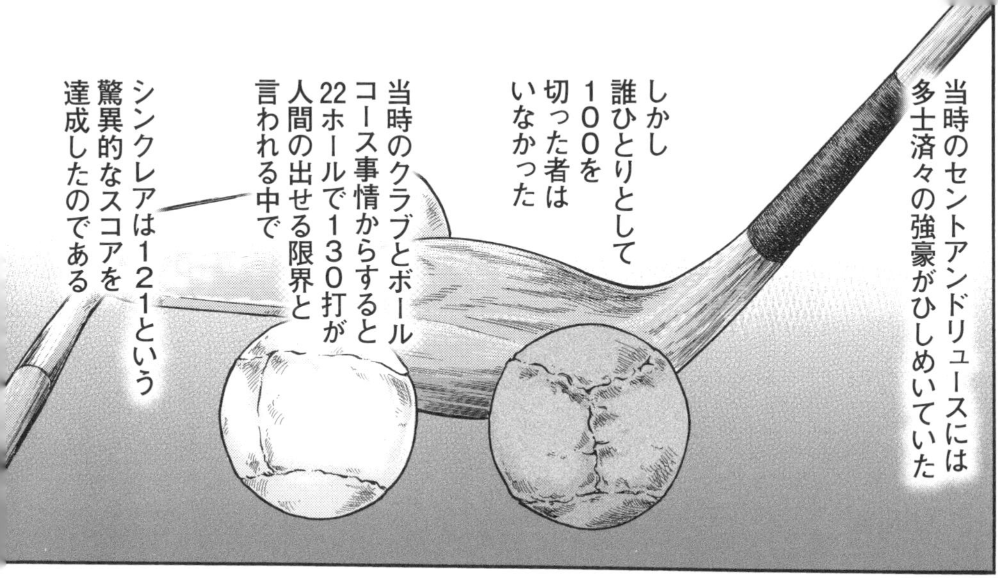
当時のセントアンドリュースには多士済々の強豪がひしめいていた
しかし誰ひとりとして100を切った者はいなかった
当時のクラブとボールコース事情からすると22ホールで130打が人間の出せる限界と言われる中で
シンクレアは121という驚異的なスコアを達成したのである

さらに翌年、このときには22ホールが改修されて、全長をほとんど変えることなく、アウト9ホール、イン9ホールの18ホールが完成したがその新コースでも若者たちを寄せつけず、2位に4打差をつけて優勝する

そして圧巻は1768年のクラブ選手権だ
68歳のシンクレアはその日も吹き荒れるスコットランドのリンクス特有の強風の中ボールを打ち始めた
老いてくれば飛距離は落ちる
これは若いころ想像もしなかったつらくて悲しい現実だ
ボールの落下地点が無言で年齢を示している焦りはあるが、しかし、失ったものに未練を持ち続けて何か得るものがあるだろうかそれよりもゴルフには経験が要求される

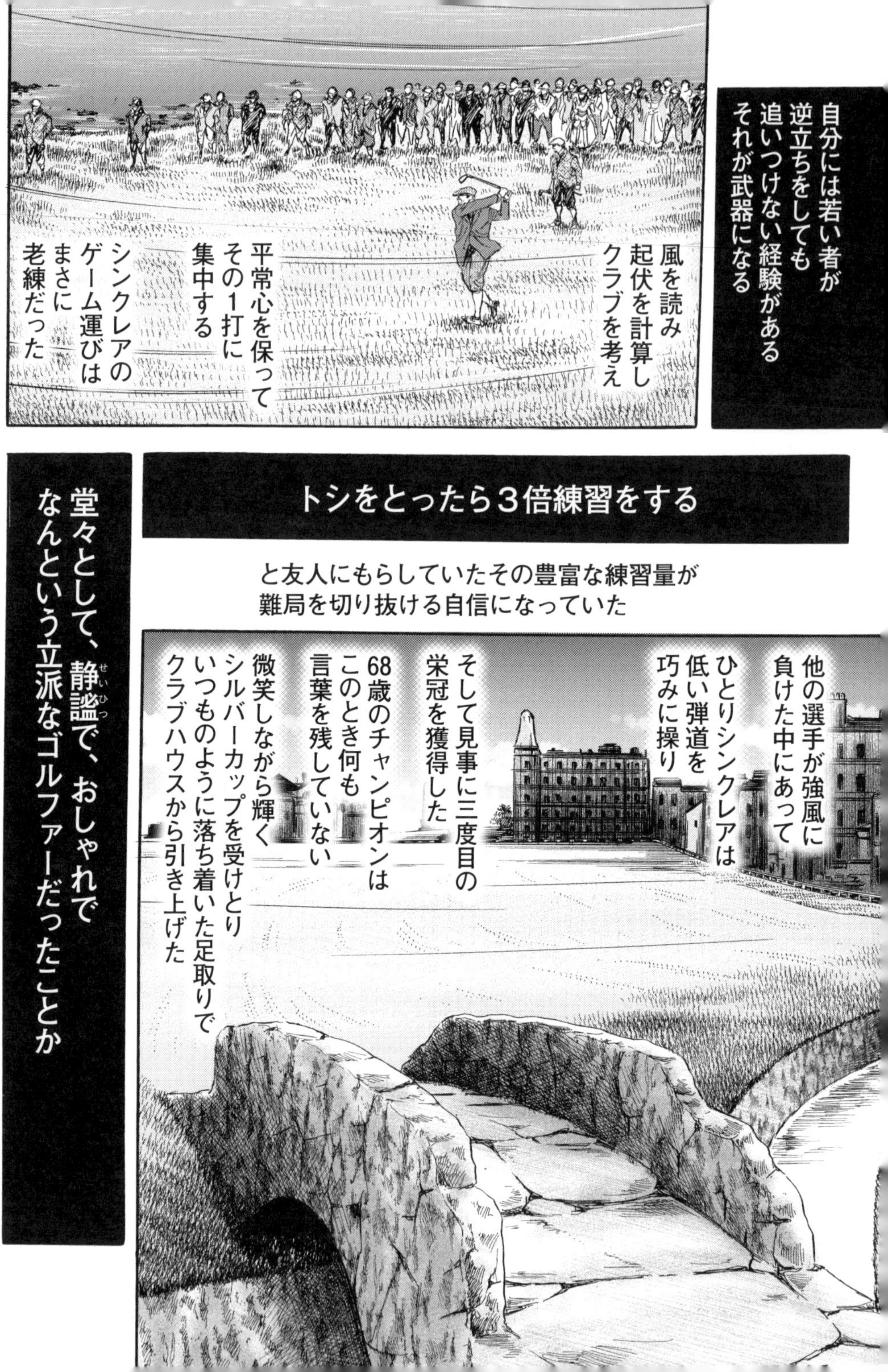

自分には若い者が
逆立ちをしても
追いつけない経験がある
それが武器になる
風を読み
起伏を計算し
クラブを考え
平常心を保って
その1打に
集中する
シンクレアの
ゲーム運びは
まさに
老練だった
トシをとったら3倍練習をする
と友人にもらしていたその豊富な練習量が
難局を切り抜ける自信になっていた
他の選手が強風に
負けた中にあって
ひとりシンクレアは
低い弾道を
巧みに操り
そして見事に三度目の
栄冠を獲得した
68歳のチャンピオンは
このとき何も
言葉を残していない
微笑しながら輝く
シルバーカップを受けとり
いつものように落ち着いた足取りで
クラブハウスから引き上げた
堂々として、静謐《せいひつ》で、おしゃれで
なんという立派なゴルファーだったことか

第14話
蛙は、蛙のままに

「ゴルフに限っては、知識などは無用の長物
ごちゃごちゃした理論につき合ってた日にゃ
神様からいただいた天性が台なしになる」

父親は、ジミー・ライトが5歳のときからこう言い続けた
いいか、ジミー 女性のロッカーとゴルフ理論はのぞいちゃいかん
ゴルフは指がひん曲がるまでボールを打ち続けて体得するゲームだ
何も考えずに打ちまくれ！
はい パパ！
もとアマ選手の父親は「天賦の才と本能」だけがゴルフを支配すると言った

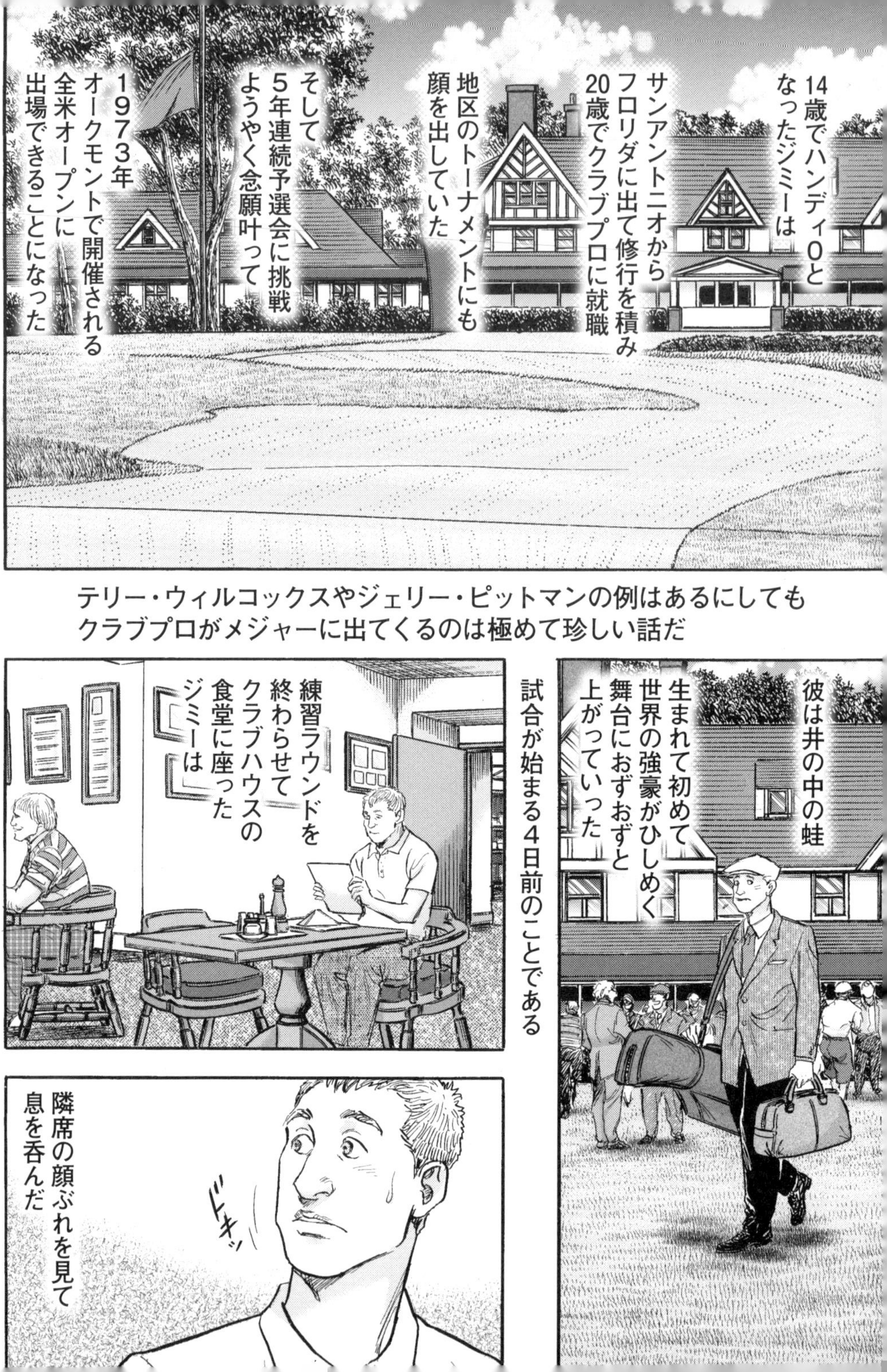
14歳でハンディ0と
なったジミーは
サンアントニオから
フロリダに出て修行を積み
20歳でクラブプロに就職
地区のトーナメントにも
顔を出していた
そして
5年連続予選会に挑戦
ようやく念願叶って
1973年
オークモントで開催される
全米オープンに
出場できることになった
テリー・ウィルコックスやジェリー・ピットマンの例はあるにしても
クラブプロがメジャーに出てくるのは極めて珍しい話だ
彼は井の中の蛙
生まれて初めて
世界の強豪がひしめく
舞台におずおずと
上がっていった
試合が始まる4日前のことである
練習ラウンドを
終わらせて
クラブハウスの
食堂に座った
ジミーは
隣席の顔ぶれを見て
息を呑んだ
ドキッ

ジャック・ニクラスとルー・グラハムが
有名なジャーナリストと高邁《こうまい》なゴルフ談義をしているではないか
畏敬してやまないニクラスの"肉声"を浴びて皮膚がチリチリした
ゴルフの最大の魅力は
ファンが観戦しているプロになりきってしまうことだ
自分がトーナメントでプレーしている気分になる
つまり私はファンと一心同体なのだ
それを聞いてジミーは鳥肌が立ってしまった
ゴルフの頂点に立つ人間の自負と責任感の強さ選ばれたる者の不安と恍惚さりげなくプロの道を説く奥行きの深さ
そうかおれはファンを代表してボールを打っているんだ
おれの1球1打に全米のゴルフファンが喜怒哀楽を味わうことになるのかこれはエライことだ
ゴクッ
とても食事どころではなかった

練習ラウンド2日目のランチではなんと優勝候補の一人ジョン・シュリーが近づいてきて
ご一緒してもいいかね
と、横に座ったのだ
事実、この試合でシュリーは2位に入った
気さくな人柄でジミーに話しかけた
きみはどこのボールを打ってるの？
Tのハイ・コンプレッションです
そう知ってるかい？
トレビノは軟らかいフィーリングが気に入って
夏はコンプレッション80冬は女性用のボールを打つんだぜ
80…！
じょ女性用！
メーカーの発表する数字を信用しちゃ駄目だよ
ある会社の100は他社の90と同じだし
別の会社の100は測ってみると107のコンプレッションがある
きみの持ちダマはフェード？
それともドロー？
フェードです

そりゃボールが少し硬すぎるかもしれないよ
ときどきバットの手元でボールを打ったような感じは？
あります
やっぱり硬すぎるんだ 90にしたまえ
ジミーはこの日も食事を忘れて考え込んでしまった

いよいよ明日から開幕。最後の練習を終わらせて
ジミーは食堂の椅子に腰を降ろした

すると——
ジョニー・ミラー ヘイル・アーウィン ジョン・マハフィ フォレスト・フェッツラーの面々がソファを占領していて
仲良くなったフェッツラーが「こっちにこないか」と呼んでくれた
おい ジミー！
そっと片隅に座って耳を傾けると
一座は仲間のプロが使っているクラブの話に夢中だった

J・C・スニードのクラブを見たかい？
凄いそうだね
地下鉄のレールを1本失敬してそいつにヘッドを溶接したんだ
ジョン・ベアードがこりゃ重いってトップで落としちまった
本当の話だ
ニクラスもゲーリー・プレーヤーも軽いクラブが好きだね
D2で打っている
一番軽いクラブを振ったプロはなんといってもゲイ・ブリュワーだ
彼は女性用のC8を愛用している
……
デビッド・グラハムはD9からD0にスウィングウェートを変えたら
あのひどかったフックがピタリと止まったね
やっぱりクラブは少し軽めがいいみたいだ
D2を基準に考えるとするか

ジミーは、話を聞いているうちに不安でいたたまれなくなった
自分はD9を使ってフェードを打っている
一体、どうしたらいいんだ!?
その晩は早めに夕食をとって明日の試合に備えようと近くのレストランに行くと
RESTAURANT
OPEN
こちらも顔見知りになったディーン・ビーマンがいて
一緒に食おうじゃないかと誘われた
さっき測定器で自分のクラブをチェックしてみたんだが
いやあ参ったよ
2度近くアップライトになってたんだ
どうもショットがおかしいと思ったよ
それはどういうことですか?
ライ測定器は知ってるな?
クラブを構えて先端が地面から離れればライがアップライトすぎる
完全にソールされるように直してそれでもボールが右に行くようなら少しずつ元に戻していけばいいのさ
……
……

ロフトもついでに測ってみる必要がある
メーカーには多少の許容量があるから
気を付けないとキャディバッグの中に5番アイアンが2本入っている、なんてことになるぜ
!
これまで無心にボールを打ってきたジミーの脳ミソは
綿菓子のようにゆるみ果て、新しい話を聞くたびに身長が縮んだ
ついには二度とボールが打てない気分のまま初日を迎えた
女性!?
ロフト
2日間で17オーバーがジミー・ライトのプロ人生最後のスコアとなった
彼は故郷に帰って牧場の仕事を手伝い、いまでは悠々の人生を送っている
知識を学んだキャベツだけがカリフラワーに変身できるという話があるね
私の場合、たった4日間でカリフラワーになっちまって、何が何やら発狂寸前
いまになって親父の言葉の重大さにようやく気がついている始末さ
そう、彼の親父はこう言っていた
「女性のロッカーとゴルフ理論は、のぞいちゃいかん」と

面《つら》の皮ほど厚からず

いつ、どこで始まったものか、発祥の論議は別として、1457年のスコットランド議会議事録に「Golf」の文字が初登場、これがゴルフに関する最古の記録とされている。以来五百余年、膨大な書物が書き継がれたおかげで、その気さえあればたいていのことは学習可能である。数多い競技の中でも、ゴルフの記録は頭抜けてしっかりと保管されている。

ところが不思議な話、ゴルファーの必需品ともいえるグローブ、キャディバッグ、スパイクの3点についてだけ、なぜか詳細な記述に乏しいのだ。用具に関する労作をめくってみても、あらましクラブとボールの話ばかり、先の3点は刺身のツマ程度にしか扱われていない。これはゴルフ史の盲点、そう気がついてにわかに調べる気になった。

まずグローブ。そう、ミステリーに溢れたゴルフの世界の中でも、とりわけ不可解な存在、それがグローブの出現だ。

試しに生まれて初めてクラブを握る人の手元にご注目あれ。グリップの方法さえ知らない超初心者が、なぜかグローブだけは装着済み。つまり、「ゴルフはグローブをはめて行うもの」とする固定観念が広く浸透したと見て間違いないだろう。申し遅れたが、私はミスを打ち続けて三十年このかた、ただの一度もグローブをはめたことがない。これはマメが出来にくい体質に恵まれたせいもあるが、人にたずねられたときには、

「貧乏で買えなかったため」

と答えている。要は最初の1、2回の問題だと思うが、長い歳月のグローブ代を考えると割安なゴルフを愉しんできた。

もう一つ、パッティングのときに外すのは敏感な感触を得るためらしいが、ならばデリケートなアプローチはどうなるのだろう。さらに、グローブをはめて指の付け根にフィットさせ、次にクラブを握って馴染ませる動作が加わり、さらに打ったあと外してまた着ける、このくり返しは見てるだけでも厄介な感じがする。

雨で濡れたときも面倒そうだ。素手ならば、握って打ってそれでオシマイ、手の中でグリップが滑るというのはウソの話、握り方が悪ければ1万円のグローブでも滑るはずだ。最近では私の合理主義に共感する者も多く、たとえばフレッド・カプルスなど、

「ぜひとも、真似させていただきたい」

と、素手で大金をつかみ取るようになったが、それっきり盆暮れの挨拶もないのは寂しい限りである。もちろん、するもしないも個人の自由、メーカーに恨みがあるわけでもない。ただ素手派からすると、エイズ予防の立役者と遭遇したような隔靴掻痒《かっかそうよう》を覚えるだけの話である。

さて、いつごろからゴルファーはグローブを着用したのか、ヒントはゴルフをテーマにした古い絵画にあるはずだ。そこでゲームの起源といわれるオランダのコルベンを描いた17世紀の巨匠、アールト・ファン・デル・ネールの「冬景色」を先頭に、レンブラント、ヤン・ステーンなどから観察を始めることにして、ルーペをのぞく日々が続いた。さらには古い時代の用具を紹介した史書漁りも続けた。

その結果、なんとも他愛のない話、1700年代の初めごろ、凍てつく風に指先がシビれて困ったゴルファーたちが、洋皮で無骨な手袋を縫って着用したのが発端らしいと判明した。ジョン・フェリスの「リンクス風景」、トム・カリントンの「セントアンドリュース」など、このころの絵には防寒用の手袋をはめて、いざボールを打つときになると素手でクラブを握るゴルファーが描かれている。

さらに決定的なのが、「ロイヤル・ブラックヒースの紳士」と呼ばれる名画の中で、貴族が両手袋を使用、左手に脱いだ手袋とボールを握っている。1700年代初頭の作品といわれるので、これも防寒用と考えるのが妥当だろう。当時のスコットランドの鞣革《なめしがわ》技術は荒っぽくてゴワゴワ、スウィングに耐えるだけの柔軟性があったとは思えない。北緯50度に近い現地では、10月の声を聞くと指先が利かなくなるほど冷える日がある。手袋と厚手のズボン下はゴルファーの必需品とされた。この貴族も手袋を脱いで、これからティーアップというわけだ。

ようやくのこと、両手にグローブをはめてアドレスに入ったゴルファーを発見したときは、正直おどろいた。以前に紹介したセントアンドリュースの倶楽部チャンピオン、ウィリアム・シンクレアが、不意に歳月の闇から姿を現したのだ。彼が三度目のクラチャンを獲得したのは1768年、なんと68歳のときだった。肖像画の彼は、まぎれもなく両手袋をはめたままクラブを構えているが、さらに観察してみると、指の先端部分が切ってある。これは感触を考え、握りをしっかりさせるために違いない。もちろん、防寒も兼ねての着用だったはずだ。それにしても18世紀半ばになって、ようやくグローブは競技用に進化を遂げたことになる。いまから数えて二百二十年前の話である。

さあ、それからがまた忙しくなった。ついでにゴルフ史を彩った人物たちの手元をのぞいてみることにしたのだ。まず、アラン・ロバートソン、トム・モリス父子は「素手派」だったらしく、いずれの写真にもグローブ着用の形跡がない。さらに伝説の名手たち、ウィリー・パーク父子、J・H・テイラー、ハリー・バードン、ジェームズ・ブレードたちのスウィング写真に顔を近づけてみたが、いずれも素手のままクラブを握っている。
さらにアマの名手を調べてみると、ジョン・ポール、ハロルド・ヒルトン、フレディ・テイトらイギリス勢はもとより、アメリカ勢のフランシス・ウィメット、ボビー・ジョーンズも素手で世界の頂点に立っているのだ。
つまり偉大なる先輩たちは例外なく「素手派」であった。
一方、1890年のレディス競技会では、両手袋の女性が三人、片手袋が二人いて、かなり早い時期から女性たちがグローブを愛用していたことをうかがわせる。イギリス側に限っての話、おそらくグローブは「女性専用」とする風潮が色濃かったように思えてならない。
これはもう、ひとつの重要な文化論に広がるテーマである。そう、かつての男たちは額《ひたい》に汗を流し、頑健を身上として逞《たくま》しく人生を生き抜いた。ゆえに手のひらも丈夫であった。つい先日、両手袋をして球を打つ若い男を練習場で発見、思わずオェーッとなったが、男性の弱体化とグローブの浸透に密接な関係がないとは断定しにくい光景だった。
ところで、グローブを定着させた人物が、「プロのキング」ことウォルター・ヘーゲンだとする説に異存はない。彼はマメの出来やすい体質を嘆き、ゲームに臨んで最高級のエチオピア産「ペッカリー」のグローブを次々に使い捨てていった。

いまではベルセイム、バゼーヌといった優秀な合成皮革が誕生して、まったく違和感のないグローブが市場を支配するようになったが、難点がないわけでもない。

宣伝コピーに曰く

「使用していることを忘れるゼロ感覚」

たちまちグローブ以外のものを連想したのは、あるいは当方の考え過ぎだろうか。

第15話

エジプトから来た「静かなる男」

陽だまりの氷が溶けるように、ゆっくりと人種差別という名の
悪疫も消え始めてはいるが
1950年前後のゴルフ界はまだ暗黒の時代だった

この興味つきない
ゲームを楽しむ特権は、
白人だけに
与えられたものという
思い上がった風潮が強く
たとえば
アメリカ南部の
さるコースでは
世論に負けて
建て前だけ黒人に
門戸を開放したが
実際にプレーを
許可したのは
午後4時以降だった

黒人のメンバーたちは
白人の最終組が出たあと
夕暮れの中でひめやかに
クラブを振ったが
その中には
古代インカ研究の碩学《せきがく》
サム・ホーマー博士の
姿もあった
ゴルフの世界でも、とくに黒人ゴルファーが浴びてきた屈辱は
ゆうに一冊の受難史が書けるほど過酷であり
偉大なゲームの中に矮小な人間が残した汚点でもある
だから、1976年の
フランスオープンで
無名の黒人選手
ビンセント・チャバララが
優勝したとき、新聞は
「ヨーロッパで初の黒い勝利!」
という大見出しを
つけた
欧州で開催される
星の数ほどのトーナメントで
初めて黒人選手が
栄冠を手中にしたと
報じたのだが
これは記者たちの
勉強不足である

チャバララより25年も前の1951年、すでにフランスオープンですさまじい勝ち方をした黒人選手がいたのだ
この天才は1949年のイタリアンオープンでも優勝している
しかし当時の黒人蔑視思想が陰湿に働いたのだろうか
扱いはごく小さく
優勝者が黒人だということを伏せた新聞もあった
豪打と正確無比なアイアンさらに絶妙なパッティング
そのスウィングは華麗に舞う舞台の貴公子を連想させたという彼の名はハッサン・ハサナイン
かつて「サンデー・タイムズ」にヘンリー・ロングハーストが彼を取り上げたことがある
「ゴルフの歴史から見て輝かしい戦歴と洗練された人柄惚れぼれするようなプレーぶりはまさに東洋が生んだ最高の名手といえる」
アフリカ大陸にあるエジプトが果たして東洋と呼べるかどうかは別にして
ハッサンは純粋なエジプト人だった

それも
大陸の奥地で栄えた
後期エジプト王家の
末裔《まつえい》であり
肌の色は見事なまでに漆黒
面立ちは高貴でハンサム
笑顔からこぼれる
純白の歯並びが美しい男であった
1916年
カイロで生まれた
彼の家は、祖先が
とうに没落して
生活が苦しく
少年ハッサンは
燃料として売るための
牛糞を拾いながら
成長したといわれる
彼が所属していたカイロのガシーラ・スポーツクラブに残された
乏しい資料によると、ハッサンはまぎれもなくゴルフの天才だった
12歳ごろ名門
ヘリオポリス・
サンドコースに
キャディとして
雇われたが
2、3年というもの
貧しくて靴が買えず
裸足のキャディと
呼ばれていた
ところが18歳のとき、彗星の如く
エジプトオープンに登場して3位に入賞する
ガシーラ・スポーツの
記録には
クラブを握って3年目に
パープレーをやってのけ
17歳で「66」のコース新記録を
樹立したと書かれている

3年目でパープレー、4年目に「66！」
ゴルフとは、何とやさしい
スポーツではないだろうか!?

ハッサンが短期間でゴルフを
マスターした方法については
まったく手掛かりがない
しかし、試合に顔を出す
ようになっても
キャディだけは続けたというから
早朝、夕暮れの限られた時間に
黙々とボールを
打っていたに違いない

それでも3年でマスターしたというのは、これはもう天才と呼ぶしかない！

第一次大戦中
進駐してきた
イギリス軍によって
広められたゴルフは
エジプト人のハートを
しっかりつかまえてしまった
ここでは2種類の
コースが作られた

芝のコースは
上流階級用
砂のコースは
一般ゴルファー用
ハッサンは
そのどちらの
コースでも巧みな
プレーを披露した

母国でプレーしている分には
ハッサンの身に何のトラブルもなかったが
やがて国を代表してヨーロッパ、イギリス
アメリカまで遠征するようになると
漆黒の肌に対するいやらしい差別が待ち受けていたのだ

ハッサンは黒人失業者収容施設から4日間のトーナメントに通ったことがある
いくら選手だといわれても
このホテルは白人しか泊めない方針でね
済まないがどこかよそに行ってくれないか
きみはこのレストランに入れないんだ
入口の看板の字が読めないのかね？
そこで仕方なくホットドッグを買って公園で食べた日もあった
ゲームに出場すると今度は嫌味が聞こえてくる
見ろよ黒いのがいるぜ
いつから法律は黒人にゴルフを許したんだい
こんなのはマシだった
ある差別の強い国の試合に出たとき
初日の1番ティーでハッサンは強く打ちのめされた

こいつは珍しいや！
人真似のうまいキャディがゴルフを始めるぞ
しかし、彼は哀しいほどに静かな男だった
いかなる迫害を受けようとも礼儀正しく笑顔を絶やさず語気を荒げることもなかった
彼のプレーぶりを見てきた評論家のトーマス・グリーチはついにたまりかねて次のように書いた
「静謐《せいひつ》で温厚なハッサンに対する侮蔑《ぶべつ》を、どうかやめてもらいたい
私は自分が白人であることを彼に恥じている」
ハッサンは流れるようなスウィングと洗練された立ち居振る舞いで着実にトップの座に迫っていた
１９４９年から52年までエジプトオープンに4連勝しているが、こうした試合には世界の強豪も出場していた
さらにイタリア、フランスオープンも制し全英オープンでは決勝進出３回
ベン・ホーガンが優勝した１９５３年の試合では17位に入っている
彼が残した記録の白眉はアフリカ恒例のデザートオープンの11連勝である
１９４６年から56年まであまたの選手がハッサンに挑んだがついに彼はタイトルを守り通した

その56年のシーズンが終わった暮れ
ハッサンの家には何人かの若者が集まっていた
彼は後輩を育てることに熱意を傾け多くの貧しい子どもに奨学金を与えていた
おそらくその日も炉端で若者たちに例の静かな口調でスウィング論を語っていたにちがいない
石油ストーブの燃料が切れたことに気づいたハッサンは容器をもってタンクに灯油を注入した
悲劇はその瞬間に起こった
ストーブが爆発してハッサンは即死
三人の青年が大火傷を負ったのだ
漆黒の貴公子はわずか40歳にしてあっけなく世を去ってしまった
カイロ郊外に建てられた彼の墓石には優しい文字で次のように銘が刻まれているという
「ハッサン・ハサナイン 静かなる天才ゴルファー ここに眠る」
生きているあいだ、ついに一言たりとも彼の口から「差別」についての怨み言は漏れたことがなかった
真に偉大な男である

第16話

「迷信」を信じる愉しさ

自分が原始的人間に見られたくないという理由から
ひた隠しにしているものの
たいていのスポーツマンは原始人以上に

迷信を信じている

とくに、コースに棲《す》みつく
気まぐれな神様に
プレーの運命を託す
ゴルファーの場合
その日のスコアは
神様の匙《さじ》加減
ひとつ
迷信深くなるのは
仕方ないことである

この迷妄と考えられる信仰も
ボールの番号にこだわる
ティーの色に好き嫌いが
ある程度なら愛嬌だが
重症患者になると
コースの方角は
鬼門にあたらないか
プレー日は
偶数か奇数か
同伴競技者に
厄年の者はいないかと
キリがない
しかし、どれほど縁起を担《かつ》ごうとも
ジーン・サラゼンに敵《かな》う者はいないだろう
パーマー
ニクラスをはじめ
歴代の名選手たちも
優勝回数と同じくらい
たくさんの迷信を
持っているが
それでもサラゼン翁の
それとは比較にもならない
ご本人のコメントからして、堂々たるものだ
私という人間は迷信を深く信じ
迷信を基準に行動を決定する
その結果はどうかって?
もちろん迷信のおかげで
とても幸せな人生を手に入れたよ

たとえばサラゼンは「2」という数字に異常なこだわりを見せる
これは1922年に強運がつきまくってトップの座を手に入れて以来
2が彼のラッキーナンバーとなって居座るようになったと推定される
トーナメントの初日パー3のホールで「2」が出ると
その瞬間に火がついて間違いなく優勝を掠《さら》っていくのだ
彼の勝ちゲームの詳細を調べてみると
まさに初日の「2」からの快進撃が始まっている
1932年、またもや2のつく年
サラゼンは迷信に身ぶるいしながらも
自分の信じた道を選択する
この年の全米オープンは
サラゼンが6年間も快適に過ごした所属コース
フレッシュメドウで開催されることになった
世俗に曰く
「プロは所属コースで絶対に勝てない」
彼はこの迷信を信じさっさとヘッドプロの職を辞任した

それだけではない
1922年の全米オープンに
優勝したとき
足ならしに
サザンオープンに
出場
この試合に勝って
勢いがついたことを
釣り支度の途中で
思い出した
そうだ
!
すぐにニューオリンズ
のサザンオープンに
行くぞ
優勝しそうな
予感がする!
これに勝ってから
全米オープンに勝つ
のが順番なんだ!
旅行カバンと
釣り竿をその場に
投げ出し
試合の2日前
車にとび乗り
800マイルを
ノンストップで
走り続け
ようやく
間に合って
本当に優勝
してしまった
しかも、得意の
迷信を駆使しての
勝利だった
その試合での
最終日、最終ホール
ロングホールの
第2打目に
とりかかるとき
絶対にフェアウェイから
ドライバーを使うと
スタート前から
決めていたよ
なぜ
ならば
1922年の
スコーキーの試合で
2打目にドライバー
を使い
あのワンショットで
私は勝ち始めた
のだからね

そうだ思い出したぞ
22年のとき打つ前に左人さし指と中指をペロッと舐めてからクラブを握り
それでツーオンに成功したのだ
そこで私は指を2本舐めて同じようにグリーンまでボールを打ち上げバーディをとって優勝したというわけだ
迷信を信じたほうがゴルフはプレーが楽になる
32年のフレッシュメドウでの全米オープンでは
3日目までさっぱり調子が出なかった
そこで最終日
迷信を信じて「幸運のジャケット」を着ることにした
この古びた背広を着たい気分になると
不思議に勝利の女神がやってくるのだ

コースの入口で
ゴルフの賭博師
ジャック・ドイルから
数年ぶりに声を
かけられたとき
サラゼンは
「のけぞらん
ばかりに驚いて
思わずヤツのひげ面《つら》に
キスしようかと
思ったくらいだ」
と述懐するほど
狂気した
この黒幕は滅多に人前に姿を現さないが
稀に声をかけられたときのゲームでは、なぜか負けたことがないのだ
その迷信どおり
大詰めまで
フィル・パーキンス
ボビー・
クルックシャンクと
サラゼンの三つ巴に
なる激戦が続いて
迎えた
最終ホール
サラゼンの
2打目は
バンカーに
入ってしまった
彼は自ら改良した
サンドウェッジをバッグから
取り出しながら
迷信に向かって
念じていた

たのむぞ
おれがボールを打つ前に
たとえ酔っ払いでもいいんだ
おれに声をかけてくれ
バンカーショットに取りかかるときだれかに声をかけられると縁起がいいのだ
しかし全米オープンの大詰めの場面でそんな不謹慎をしでかす者など出現するはずもなかった
サラゼンがアドレスをしたまさにそのとき
奇跡が起こった
いまギャラリーが移動中だ
連中がすっかり落ち着くまで待っててくれないか
これでサラゼンははっきりと自分の勝利を確信した

万事が迷信通りのシナリオじゃないか
これで勝てなきゃ不思議というものだ
彼はしばらく待ってから構え直し
そしてなんと
バンカーから直接カップに入れてしまった！
ジーン・サラゼンはグランドスラムを達成した最初のプロであるにもかかわらず１９３５年のマスターズの最終日15番のロングホールで第2打を直接カップインさせた「アルバトロス」で有名だ
あのときも「2」で優勝を掠ったね
だから皆さんも自分の迷信を大事にしなきゃいけないよ
迷信には論理の追跡を許さないだけのパワーが秘められているものだ
間もなく90※歳を迎える翁は大いに迷信を奨励するのだ
※1992年当時

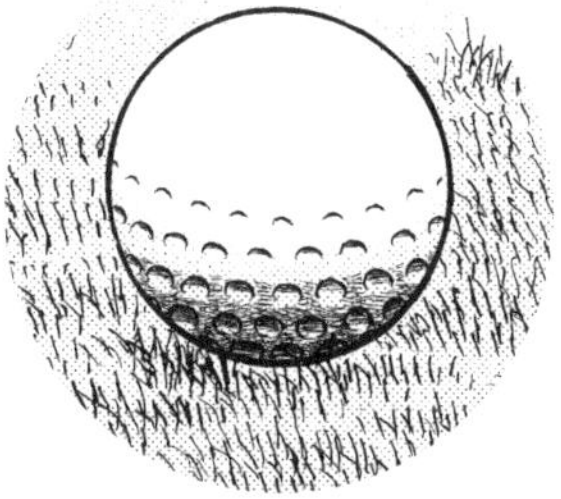

第17話
ときには、ちょっといい話

ロイヤル・リザムで開催された全英オープン
決勝ラウンドの出来事
ルールの精神を遵守《じゅんしゅ》することにかけては
〝最高裁の判事並み〟と言われたトニー・ジャクリンのボールが野ウサギの穴に飛び込んだ
当時の規則では巣穴からクラブ2本分の距離に無罰でドロップが許されていた
すばらしい予感がする
多分今回の優勝もいただきだね
彼はこのリザムで5年前にも全英を制しているが
そのときも巣穴につかまり、不思議なことにそれを契機に快進撃が始まったのだった

ドロップしたボールは
コロコロ
わずかな斜面の力を借りてころころ転がり
申し分のないところに止まった
うん?
これはおかしいぞ
そこは野ウサギの巣穴から2ヤードほど離れていた
規則に従った挙句に出現した最高のライを前にして彼は考え込んでしまった
規則は単なる救済措置であって無条件に完璧なライを与えてくれるものではないはずだ
そう思ったジャクリンは手中のアドバンテージを放棄することにした
悪いライに打ったはずが最高のライに恵まれるのは不条理だと信じての行動である
再ドロップをしてゲームを続け、ホールアウトした直後、役員に呼び止められた
トニー きみはドロップしたボールを拾い上げてしまったね
あれは駄目だ
裁定は2罰打の付加だよ
?
規則22の2Cを読みたまえ
きみの処置は間違っている!

そこでルールブックを
取り出し、くだんの
規則を読んでみた

ドロップボールが
ハザードに入ったり
グリーンに乗ったり
OBになったり
最初の地点から
クラブ2本分以上
離れたり
最初の地点から
ホールに近づいた場合
にはペナルティなしに
もう一度ドロップする
ことができる

ジャクリンは巣穴からクラブ2本分以内の場所にドロップした
ボールはクラブ2本分の範囲内でいいライに止まった
ただ、スポーツマン精神が
フェアな心が、いいライを許さなかっただけである

自分に正直に
よかれと思ってした
ことが罰を受ける
矛盾してる
じゃないか！
悪いライに
打った者が
知らん顔して
いいライから
打ち直し
おれはルールに従った
までだとうそぶくのは
絶対にフェアじゃない

ルールは
神聖だというが
人間が作ったものだ
もっと正直に欠点を認めて
のびのびと裁定する
べきじゃないのかね!?

裁定が完璧かどうか
それは別問題なのだ
ゴルフでは規則によって
「委員会から任命された
レフェリーであれば
彼の裁定は最終的なものと
みなされる」と明記され
反論の余地がない

トニー・ジャクリンという偉大な選手が
このときからゴルフに対する情熱を
急速に失っていったのは事実である

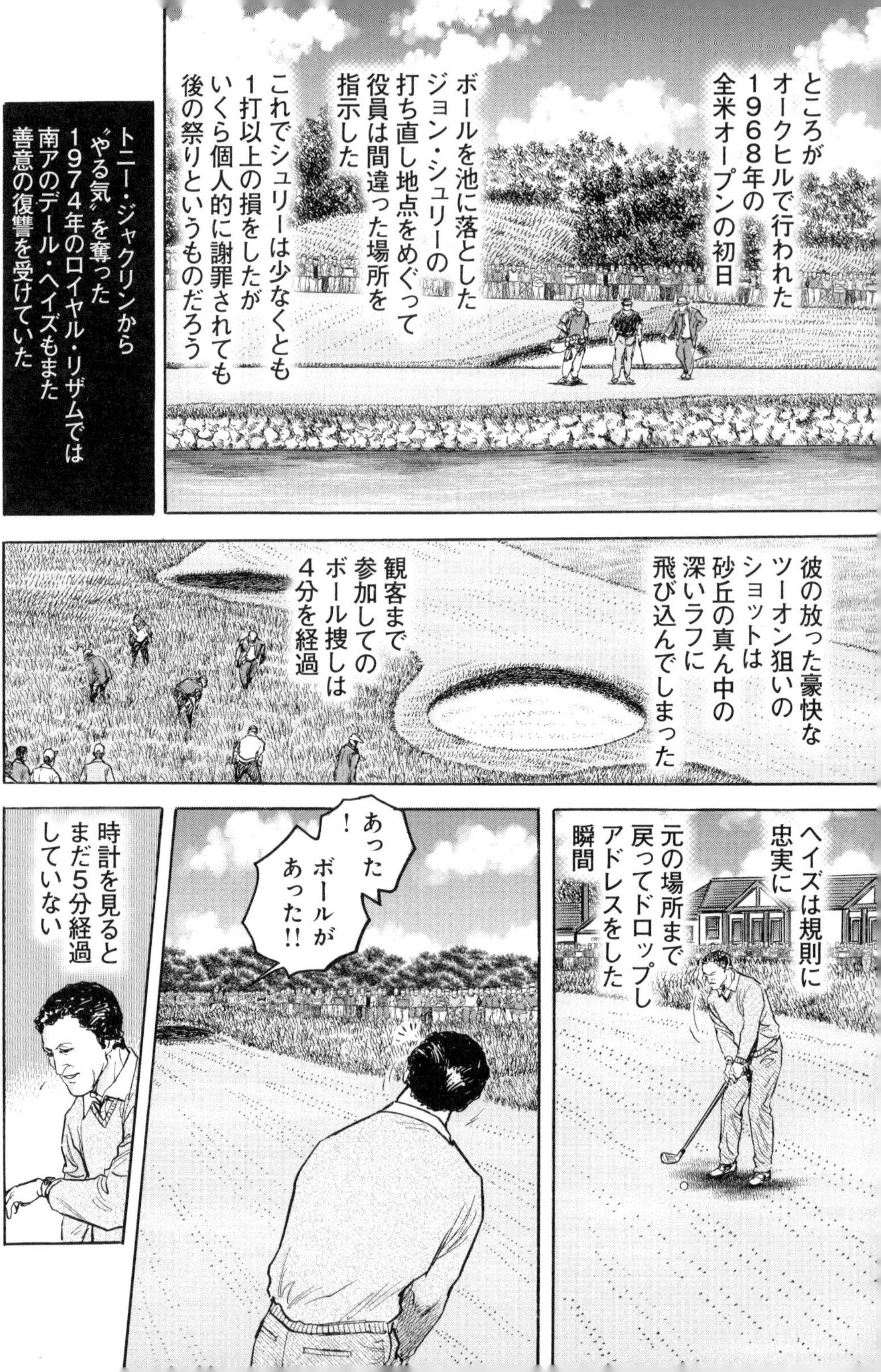
ところがオークヒルで行われた1968年の全米オープンの初日
ボールを池に落としたジョン・シュリーの打ち直し地点をめぐって役員は間違った場所を指示した
これでシュリーは少なくとも1打以上の損をしたがいくら個人的に謝罪されても後の祭りというものだろう
トニー・ジャクリンから〝やる気〟を奪った1974年のロイヤル・リザムでは南アのデール・ヘイズもまた善意の復讐を受けていた
彼の放った豪快なツーオン狙いのショットは砂丘の真ん中の深いラフに飛び込んでしまった
観客まで参加してのボール捜しは4分を経過
ヘイズは規則に忠実に元の場所まで戻ってドロップしアドレスをした瞬間
あった!ボールがあった!!
時計を見るとまだ5分経過していない

そこで走って現場に到着
時間ぎりぎりのショットに成功
ゲームが終わってハウスの中でジントニックをすすっているヘイズのところへ
いかめしい顔をした役員がやってきた
テレビで見たよ
きみのプレーは放送されていたんだ
それはどうも
パットがいまいちだったね
そうじゃないんだ
きみは新しいボールをドロップした瞬間 それが正式球になるというルールを忘れたのかい?
つまり正当でないボールを使って正当でない場所からプレーした上に
次のホールでストロークをする前にそのエラーを修正しなかったわけだ
それは定められたラウンドを終了していないことになり間違ったカードに署名したペナルティに問われる
わかったかね?
きみは失格だ

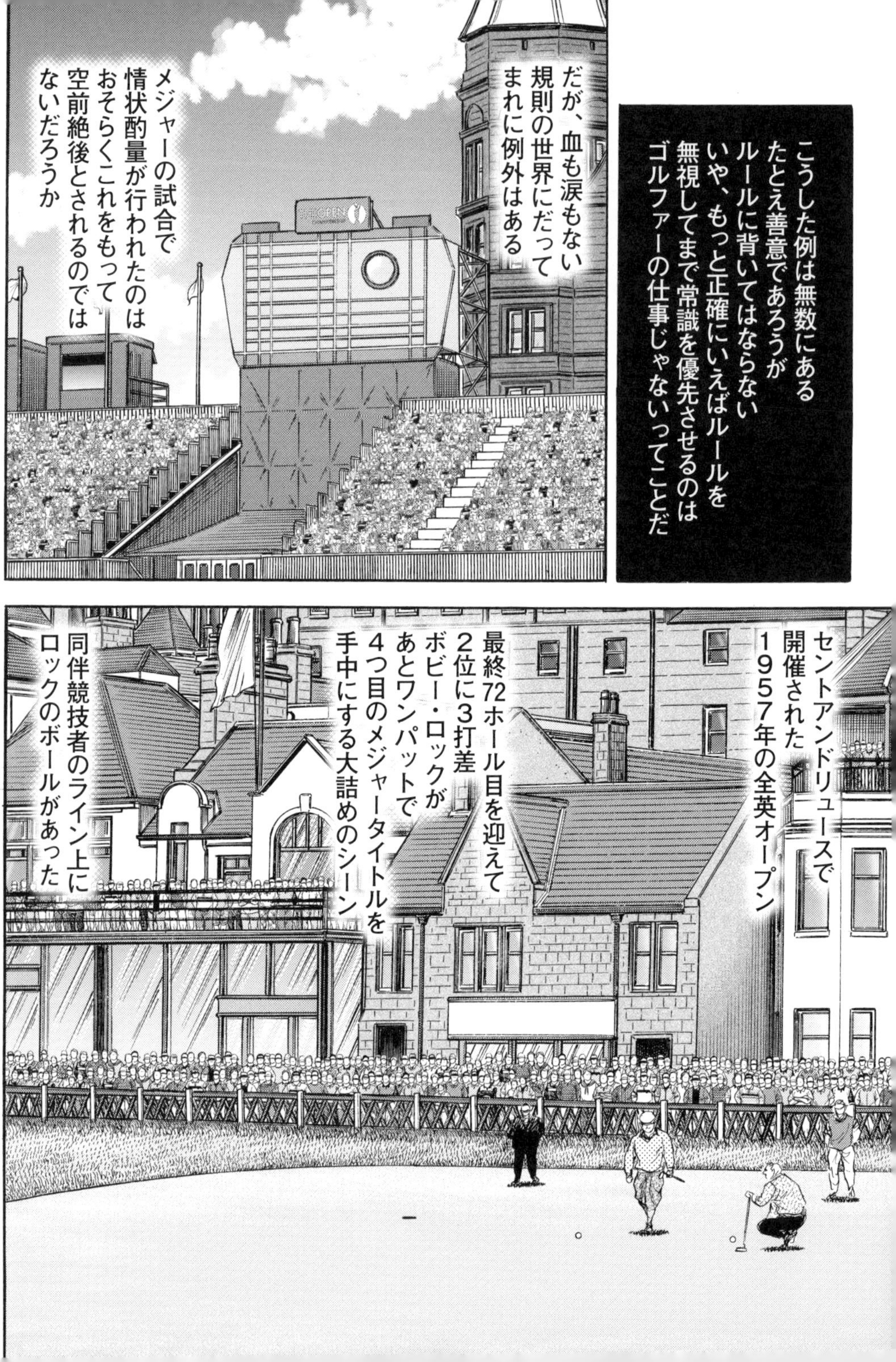
こうした例は無数にある
たとえ善意であろうが
ルールに背いてはならない
いや、もっと正確にいえばルールを
無視してまで常識を優先させるのは
ゴルファーの仕事じゃないってことだ
だが、血も涙もない
規則の世界にだって
まれに例外はある
メジャーの試合で
情状酌量が行われたのは
おそらくこれをもって
空前絶後とされるのでは
ないだろうか
セントアンドリュースで
開催された
1957年の全英オープン
最終72ホール目を迎えて
2位に3打差
ボビー・ロックが
あとワンパットで
4つ目のメジャータイトルを
手中にする大詰めのシーン
同伴競技者のライン上に
ロックのボールがあった

彼はマークした上で
さらにパターの長さ1つ分だけマークをずらした
そして、いよいよ優勝の瞬間
大歓声の嵐の中
マークを元の位置に戻すことを忘れて違った場所からカップイン
コツ
そのままもみくちゃにされた
テレビが一部始終を放映したこともあって委員会は紛糾したボビー・ロックは場合によるとタイトルさえ剥奪されるケースさえ覚悟した

と、数日後にセルウェイ会長から1通の手紙が送られてきた
私はこの手紙の文面が好きである
ここにはゴルフ騎士道のユーモアが馥郁《ふくいく》と香っているのだ
「親愛なるミスター・ロック
最終グリーンでの出来事について委員会では特別の処置を取らないことに決めました
あなたの優勝スコアは279のままです
この決定は、2フィートの距離で全英の覇者になれたはずの人が誤って3フィートのところからボールを打ったとしてもとくにその人に有利とは思えないからです
偉大なるゲームの精神にのっとり以上のように決定いたしました
なお、この手紙はどなたに公表されても構いません
N・C・セルウェイ」

貴族の微笑

深奥なるゲームの世界に、繊細かつ優美な「もう一つのゴルフ」が脈々と息づいている事実をご存じだろうか。人は敬意を込めて彼らを「懐旧派《レミニセス・スクール》」と呼ぶ。有名なところではイギリスとアイルランドに6グループ、アメリカにも3グループ、それぞれ8人から40人の同好者が集い、年に1、2回のコンペが開催される。個人に至っては数知れず、たとえば1977年に退官するまでイギリス財務省の次官補として辣腕をふるったポール・バイズマンのように、75年の生涯、ついにヒッコリー・シャフト以外目もくれなかった粋人も少なくない。デンマークの作家、ロイズ・セクティフの場合、自ら軟鉄ヘッドと格闘、ヒッコリーも原木から削ってシャフトに仕上げる凝りようだった。

「人は私を、懐古趣味の度が過ぎると嗤《わら》ったが、逆に彼らのハイテク信仰が哀れに思えてならなかった」

バイズマンは、にこやかに語っている。

「スピードが速いほど快適だと思う人もいれば、鈍行の車窓から旅のよろこびを発見する人もいる。私は各駅停車の旅が大好き。これは生き方からくる主義主張の相違だろう」

ＳＦ作家のセクティフが、ゴルフに限ってヒッコリー愛好者だったとは皮肉の極み。このあたりを揶揄《やゆ》された彼、次のように答えた。

「多くの人が、このゲームの真の姿を見失っている。精神の貧困がスコア至上主義をもたらしている事実から目をそむけてはいけない。最近の連中はゴルフに『テクニカル・メリット』（技術面）の高得点ばかり求めすぎる。しかし、フィギュアスケートと同じように、ゴルフにも『アーティスティック・ポイント』（芸術点）が存在することは、先輩たちの名語録を読むまでもなく、栄光に包まれた歴史が如実に証明してくれるだろう。ヒッコリー族とは、ハイテク礼賛の現代人が生涯かけても見ること叶わぬゴルフの桃源郷に遊ぶ人のことであり、近ごろのギスギスした点取りゲームとは無縁、王侯貴族の節度ある嗜みとお考えいただきたい」

つまり、もう一つのゴルフ・ワールドがあって、そこはクラシック音楽というより雅楽に近い存在らしいのだ。

「ひと言で申し上げるならば、デリケート、これがすべて」

イギリスの愛好グループ、「ＢＣＧＣ」の代表を務めるＨ・Ｊ・ボールドウィン博士の説明によると、ただひっぱたくだけのハイテク素材とヒッコリーの違いは、ジェット機とツバメに例えるのが正しいそうだ。

「ヒッコリーが飛ばないと思っている人は、もう一度ゴルフの歴史に戻って最初から勉強をやり直してほしい。トム・モリス以前からボビー・ジョーンズに至るまで、彼らがいかに飛ばしたか、いまのカーボンと比較して1ヤードの遜色もないと断言できる。1897年にロイヤル・セントジョージズで行われたドライビングコンテストの記録によると、優勝したパトリック・ニーヴェル選手が287ヤード、2位のチャールズ・ディビー選手が282ヤードも飛ばしている。しかも当日は無風快晴だった」

飛距離については問題なしと証明した上で、ヒッコリーに宿るデリカシーとは「スウィングの知的究極」にほかならないと語っている。

「ご存じの通り、木材は金属《スチール》、炭素《カーボン》と比べて大きくしなる特性に恵まれている。これは樹木だけが持つ優しさ、繊細さであって、私たちは各ショット毎、その弾性の柔和なフィーリングを味わい、かつしなりに息吹きを与えて生かすテクニックも要求される。従って、それはもう一筋縄ではいかないゴルフの連続、本来のゲームはこうであったかと、ボールを打つたびに悦楽に浸っている次第だ」

デリケートなヒッコリーと比べて、最近のクラブはパワーの有無だけが問題、頭が悪くても力さえあればいい暮らしが約束される不条理の時代になった。一方、ヒッコリーではしなりとタイミングが絶妙に一致しない限り、いいショットには恵まれない。

「左腕を真下に引き降ろす感じでダウンスウィングに移行するのがコツだ。引き降ろす力が強いほどたわみも大きくなって、反発に必要なタメが作られる。インパクトでは右手首をかぶせて、さらにヘッドのスピードを加速させるが、返しすぎても駄目。ここが一番難しいところ」

博士によると、タイミングがぴったり合ったときの球足は強く、ランも長いという。ジェット機とは比較にならない小さなツバメが何万キロもの飛翔にびくともしない姿に似て、ショット自体がとても感動的だとも言った。

懐旧派の中には、かつてのウッドン（木製）クラブの複製に乗り出したグループもいる。1700年代に作られた遺物をX線にかけて分析した上、当時と同じ素材のリンゴ、モモ、ブナ、ホーンビーム、ヘッジソーン、ヒイラギ、ロックウッド、パーシモンなどでヘッドを、次にカシ、アッシュ、グリーンハート、ランスウッド、レモンウッド、オレンジウッドの原木から木目が真っすぐな部分だけ取り出してシャフトに、根気のいる作業が続けられる。これは日曜大工の中でも最高の道楽だと彼らは目を輝かせる。接着剤ひとつ取っても当時と比較にならない進歩、さらにはバランス計という武器もある。仕上がりは頑健にして美麗、しかも比類なきデリカシーさえ宿して「工芸品」の域に達する。ひとたび足を踏み入れたならば、頭のてっぺんまでハマる世界がここにあると彼らは言うのだ。

クラブだけではない。服装にしても18、19世紀のスタイルが再現される。ゴルフに関する文献と絵画から当時のファッションを研究すると、今度は妻君たちの出番である。ハンチングにしても、北スコットランド、ウェールズ、イングランド、それぞれ柄も姿も少しずつ異なるものらしい。ツイードのスーツもトム・モリス風、ハリー・バードン風といった流れがあるので作る苦労も並大抵ではない。

レディス会員の場合、服装はさらに大掛かりとなる。なにしろ基本がビクトリア王朝風とあって、注文すると10万円以上の仕立て代が消えてしまう。そこで夫人方はミシンと格闘しながら作業にいそしみ、晴れの日に備えるのだ。

アメリカの「ゴルフ収集家協会」では、年に一度、ボビー・ジョーンズのホームコースだったイーストレークCCを借りて「ヒッコリー・ハッカーズ・オープン」を開催している。全米各地はもとより、本場イギリスからも同好の士が乗り込んで、この日ばかりは木製の愛刀自慢。キャディバッグにしても、骨董屋で見つけた100年前の籐で編んだものが垂涎の的になる世界。当然各選手のファッションもニッカーボッカーとビクトリア王朝風ばかり。

「われわれにはゴルフ本来の姿を守っているという自負がある。これこそ何者にも代え難い誇りだ。ヒッコリーはまたスウィングの欠点も教えてくれる。こいつはゆっくり振らないとひどいことになるクラブだからね」

1978年から競技を主宰するジョニー・R・ヘンリーは、ヒッコリーの魅力についてこう語っている。

「太古から人と木は親友だった。あなたも一度は構えてみるといい。金属や炭素では絶対に味わえないぬくもりが伝わって、そうか、ゴルフとはこういうゲームだったかと、改めて惚れた相手の魅力に気づくはずだ」

第18話

史上初、70台を出した天才アマ

たとえば、1888年の
全英オープンに優勝したのは
左官屋のジャック・バーンズだが
このときの優勝スコアは
「86・85」
トータル「171」だった
ちなみに
その2年前に優勝した
デビッド・ブラウンは
屋根職人
そこで
ジョークのうまい
エルドン卿は
こう言った

これでもう一人
腕のいい大工が
いたなら
私は全英オープンの
優勝者ばかりで
建てた家に
住んでみたい

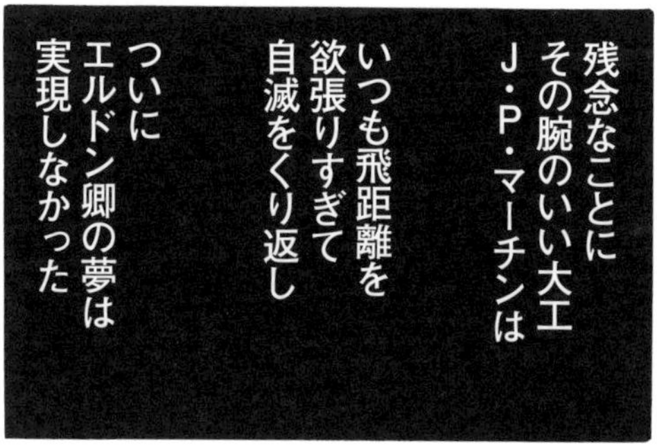
残念なことに
その腕のいい大工
J・P・マーチンは
いつも飛距離を
欲張りすぎて
自滅をくり返し
ついに
エルドン卿の夢は
実現しなかった

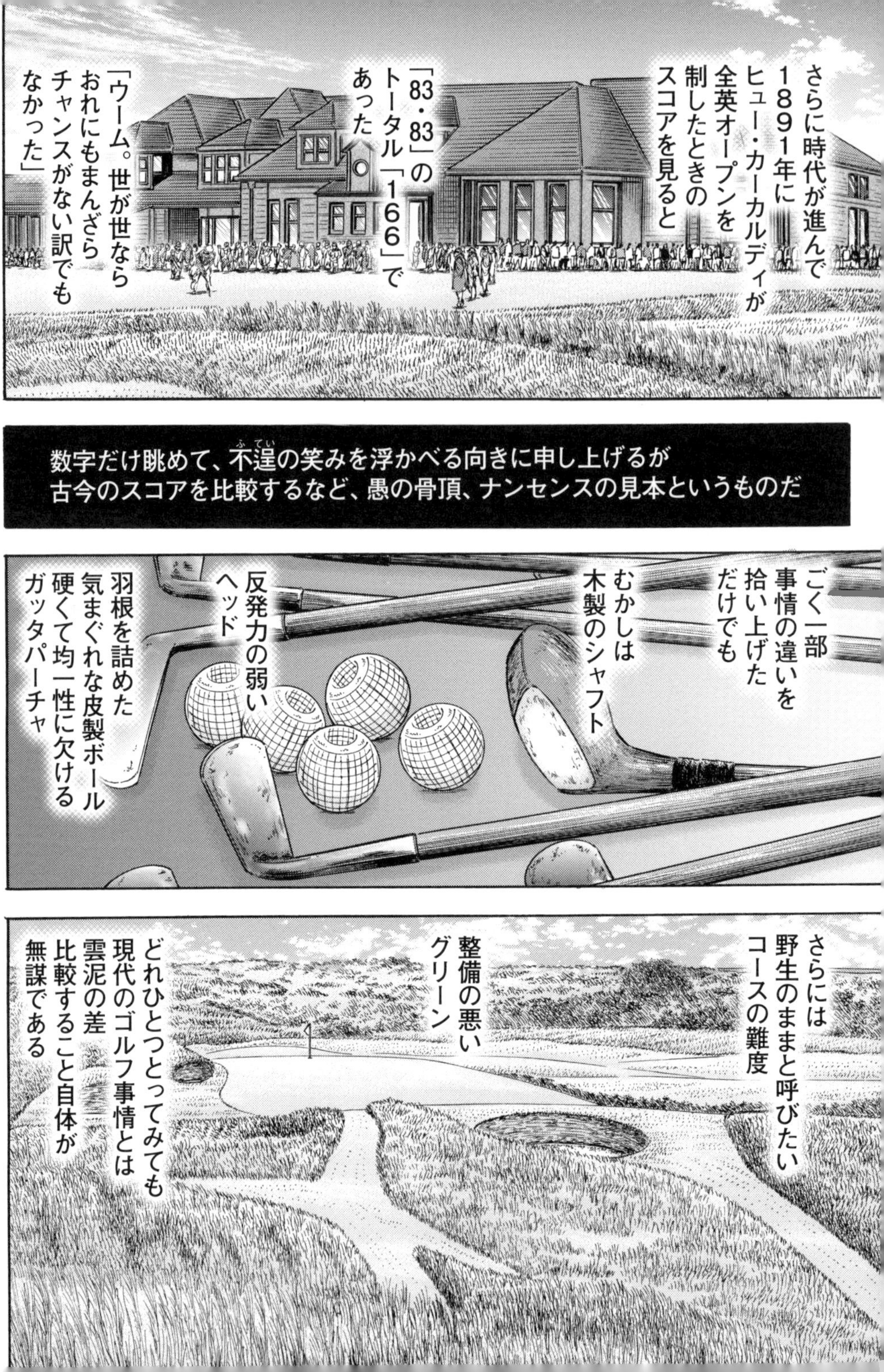
さらに時代が進んで
1891年に
ヒュー・カーカルディが
全英オープンを
制したときの
スコアを見ると
「83・83」の
トータル「166」で
あった
「ウーム。世が世なら
おれにもまんざら
チャンスがない訳でも
なかった」
数字だけ眺めて、不逞《ふてい》の笑みを浮かべる向きに申し上げるが
古今のスコアを比較するなど、愚の骨頂、ナンセンスの見本というものだ
ごく一部
事情の違いを
拾い上げた
だけでも
むかしは
木製のシャフト
反発力の弱い
ヘッド
羽根を詰めた
気まぐれな皮製ボール
硬くて均一性に欠ける
ガッタパーチャ
さらには
野生のままと呼びたい
コースの難度
整備の悪い
グリーン
どれひとつとってみても
現代のゴルフ事情とは
雲泥の差
比較すること自体が
無謀である

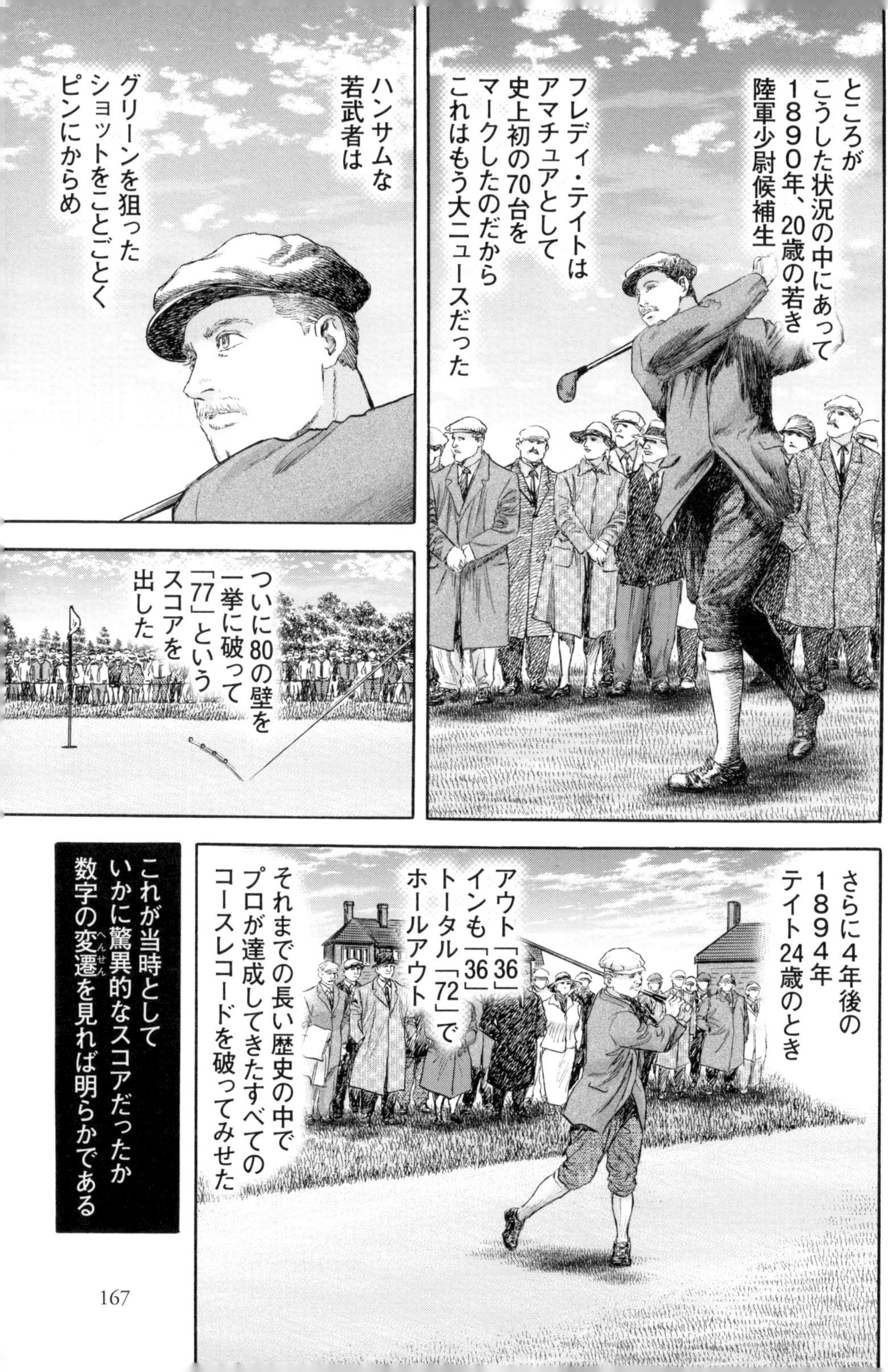
ところが
こうした状況の中にあって
1890年、20歳の若き
陸軍少尉候補生
フレディ・テイトは
アマチュアとして
史上初の70台を
マークしたのだから
これはもう大ニュースだった
ハンサムな
若武者は
グリーンを狙った
ショットをことごとく
ピンにからめ
ついに80の壁を
一挙に破って
「77」という
スコアを
出した
さらに4年後の
1894年
テイト24歳のとき
アウト「36」
インも「36」
トータル「72」で
ホールアウト
それまでの長い歴史の中で
プロが達成してきたすべての
コースレコードを破ってみせた
これが当時として
いかに驚異的なスコアだったか
数字の変遷《へんせん》を見れば明らかである

ゴルフ史に「ストローク数」が
登場するのは1759年
R&Aの前身
セントアンドリュース・
ゴルフクラブが
クジ運に左右される
マッチプレーの不備を改正
「最も少ない打数の者を
勝者とする」と
ストローク制の導入に
踏み切った
だが、不思議なことに
決定から丸5年間というもの
優勝者は判明しても
肝心のスコアが
記録に残されていないのである

ようやく具体的なストローク数が登場するのが1764年のこと

かつて取り上げた
「68歳の倶楽部チャンピオン」
そう、あのウィリアム・シンクレアこそ
ゴルフ史上最古の「スコア保持者」であった
しかも残したスコアが偉大だった
当時のコースは
変則の22ホール
そこをシンクレアは
「121」で回って
優勝した
ストローク数を22で割ってみると
1ホール平均5・5
これを現在の18ホールに
換算してみると99となる

つまり彼は史上初の「100を切った男」であった

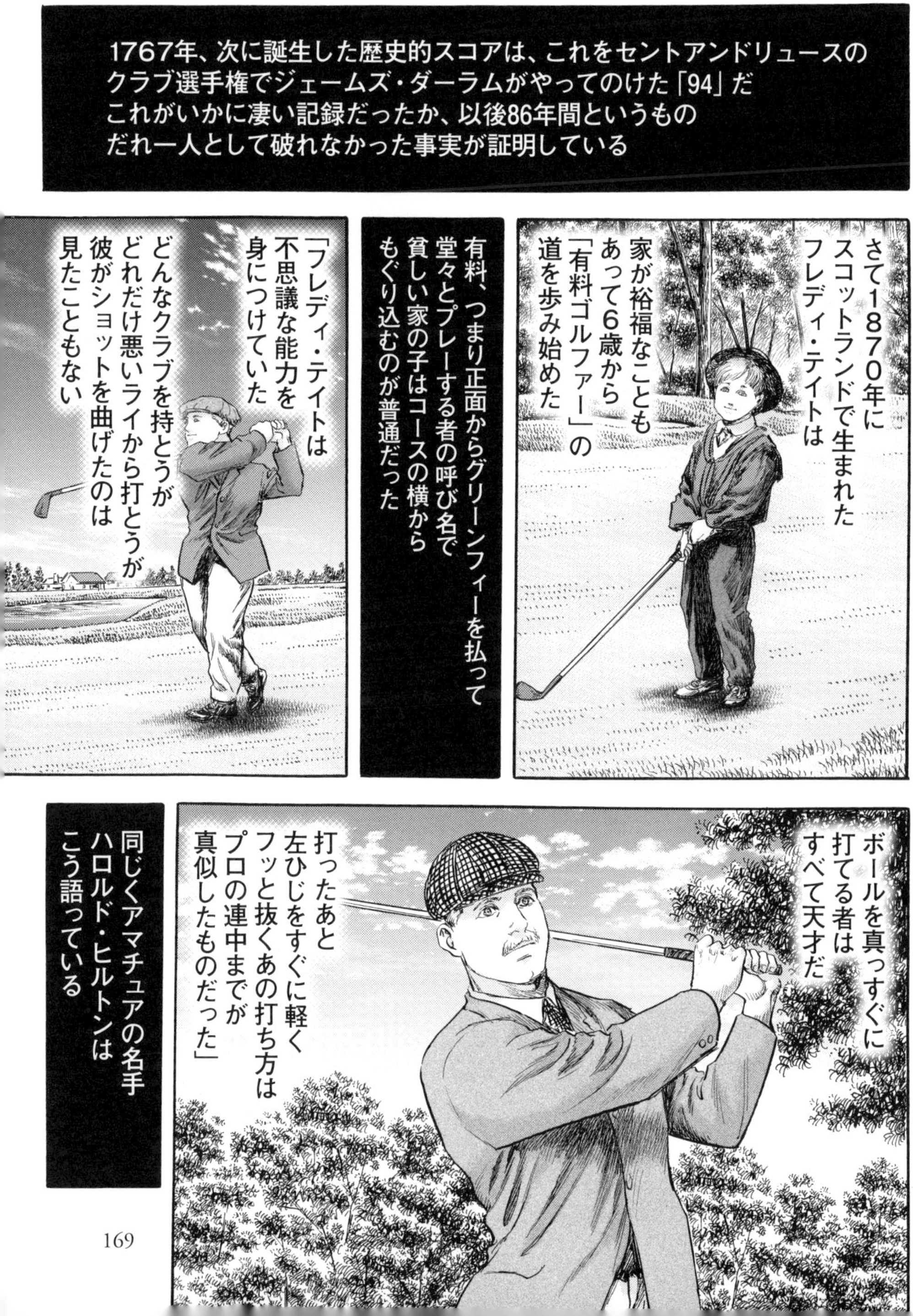
1767年、次に誕生した歴史的スコアは、これをセントアンドリュースのクラブ選手権でジェームズ・ダーラムがやってのけた「94」だ
これがいかに凄い記録だったか、以後86年間というものだれ一人として破れなかった事実が証明している
さて1870年にスコットランドで生まれたフレディ・テイトは
家が裕福なこともあって6歳から「有料ゴルファー」の道を歩み始めた
有料、つまり正面からグリーンフィーを払って堂々とプレーする者の呼び名で貧しい家の子はコースの横からもぐり込むのが普通だった
「フレディ・テイトは不思議な能力を身につけていた
どんなクラブを持とうがどれだけ悪いライから打とうが彼がショットを曲げたのは見たこともない
ボールを真っすぐに打てる者はすべて天才だ
打ったあと左ひじをすぐに軽くフッと抜くあの打ち方はプロの連中までが真似したものだった」
同じくアマチュアの名手ハロルド・ヒルトンはこう語っている

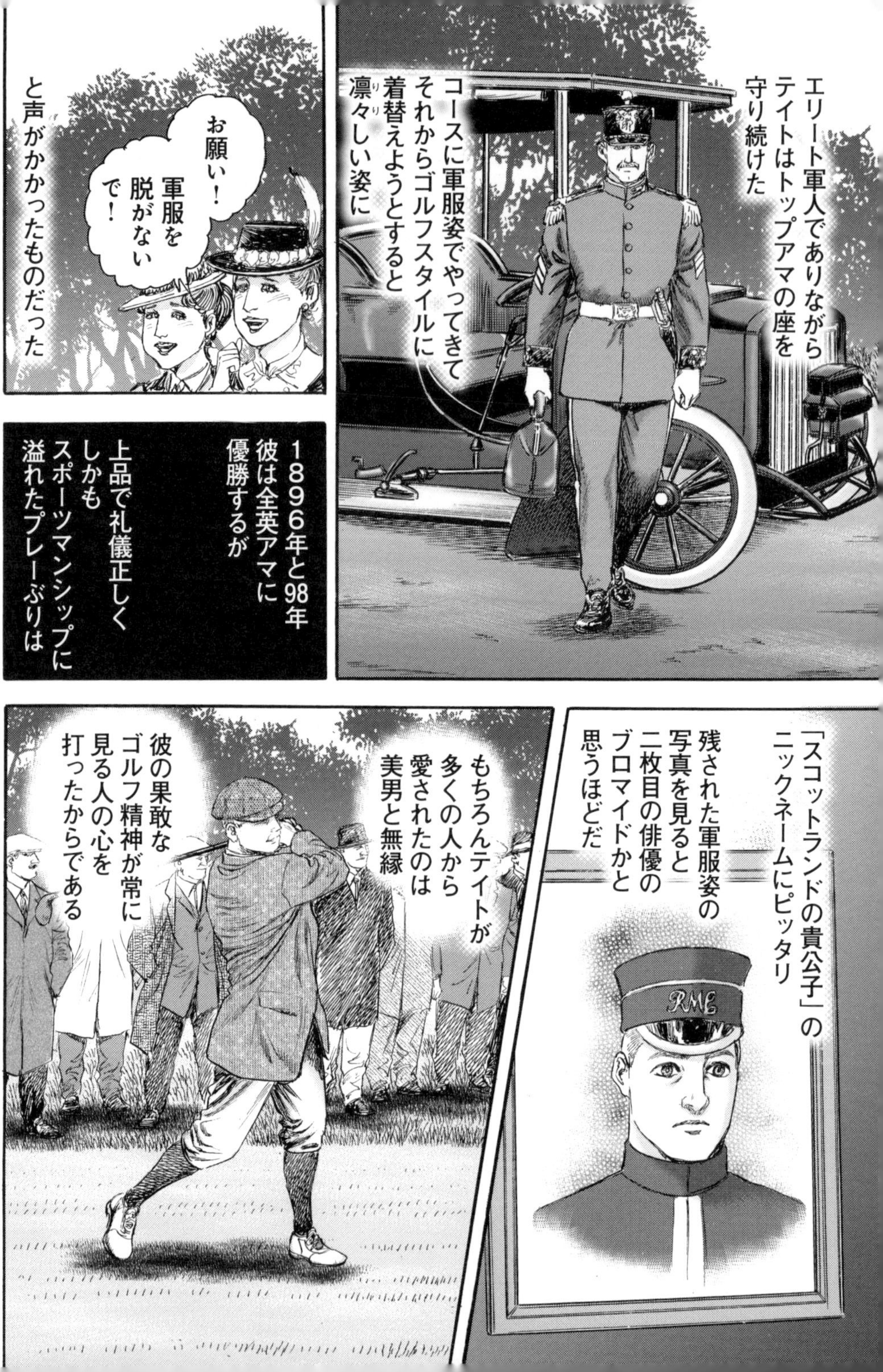
エリート軍人でありながら
テイトはトップアマの座を
守り続けた
コースに軍服姿でやってきて
それからゴルフスタイルに
着替えようとすると
凛々《りり》しい姿に
お願い！
軍服を
脱がないで！
と声がかかったものだった
1896年と98年
彼は全英アマに
優勝するが
上品で礼儀正しく
しかも
スポーツマンシップに
溢れたプレーぶりは
「スコットランドの貴公子」の
ニックネームにピッタリ
残された軍服姿の
写真を見ると
二枚目の俳優の
ブロマイドかと
思うほどだ
RME
もちろんテイトが
多くの人から
愛されたのは
美男と無縁
彼の果敢な
ゴルフ精神が常に
見る人の心を
打ったからである

1899年
全英アマの決勝
ジョン・ポールと
激しいデッドヒートを
くりひろげたが
大詰めの17番
テイトのボールは有名な
「アルプス・バンカー」に
入ってしまった
降りて行くのに
木の階段を使う
プレストウィックの
名所の一つだ
前夜の豪雨で
バンカーは
大きな池と化していた
役員が「水の外に無罰で出せるよ」と
声をかけたが、テイトは靴をぬぎ
水中から高い位置にある
ピンめがけて
派手に水しぶきを上げた
なんと！
水の中から白球が
ふわりと舞い上がり
見事に
ピン横2メートルに
ぴたりと乗ったのだ

「救済処置は承知している」
試合では2位に終わったものの
記者やギャラリーはテイトを取り囲んだ彼は言った
でも私はあるがままを愉《たの》しんでいる
トラブルショットもゴルフの醍醐味の一つだから
この翌年1900年2月のことだが折から勃発した南阿戦争に陸軍中尉として出征したフレディ・テイトは
最前線で戦死を遂げてしまうわずか30歳の若さであった
悲報が告げられると全スコットランドを嗚咽《おえつ》が流れ寒風吹きすさぶ中を数万の人々が教会にかけつけ若き英雄の死を惜しんだのだった

第19話

われらが煌めきの、ボビー・ジョーンズ

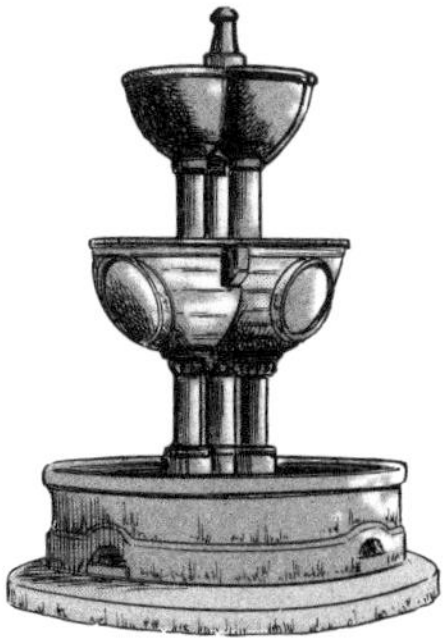

ことし（1990年）の全英オープンは再びめぐって
ボビー・ジョーンズがこよなく愛したセントアンドリュースで開催された

本名ロバート・タイア・ジョーンズが名誉市民の称号を受けるため
車椅子に座ってヤンガーホールに到着したのは1958年のことである

会場の内と外には2000人を超える市民が溢れていた
颯爽《さっそう》とフェアウェイを歩き機敏な動きで絶妙なショットを放ち
だれに対しても優しくなごやかに接したあのボビーがいま車椅子に座っている
19歳の若武者のころから彼を見てきた市民にとってその姿は痛ましすぎる光景だった
ボビー!
ボビー!
お帰りなさい!
老いも若きもすべての人が目に一杯涙を浮かべ呻くように叫んでいた
ボビーは人なつこい微笑で大勢の市民の手を握り
もみくちゃにされながら会場に入っていった

まったく彼ほど笑顔のすばらしい男性はまれだった
ボビーに会うとだれもがひと目で好意を持ち
あの爽やかな笑顔に接すると、こちらの心まで春風に吹かれてとろけてしまうようだ
（友人　チャールズ・プライス）
その数年前からボビーは「脊髄空洞症」という奇病に見舞われ、歩行ができなくなっていた
フェアウェイを王者のように闊歩した偉大なゴルファーから足を奪うとは
私は神の慈悲を疑う
（作家　ヘンリー・スティール）
それを読んだボビーは微笑しながら
私はもう十分に歩いたよ
と、言った
弱音を吐いたことがない男だった
ヤンガーホールの会場で正面に座った彼は
くつろいだ態度で市長や関係者の祝辞に聞き入っていたが
そのときどんな思いが心をかすめていたのだろうか
1921年19歳のとき初めて大西洋を渡り
ここで全英オープンを闘ったときの深い失意を思い出していたのだろうか

あのとき、初日の天候は
それほど
悪いものではなかった
ただ、初めて見る
セントアンドリュースの
光景には
すっかりたじろいでしまった
「初めて見たとき
イギリスの友人たちが
なぜ口を極めて
礼賛するのか
その理由がわからなかった
私の知る限りでは
最悪のコースだと
危うく侮蔑
するところだった
1926年に
再び訪れたとき
2ラウンドも
プレーしないうちに
たちまち好きに
なってしまった
このコースに
巧みに隠された
〝神の摂理〟による
攻略ルートを
探し出そうと
するだけでも
アメリカのコースで
100回プレーする
よりも多くを
教えられたからだ」
(回想録より)
それでも
初日は36ホールで
151打、まあまあの
スタートだったが
翌日は寒風が吹きすさび
最悪の状態になった
9ホールが
終わったところで46
次に10番では「6」を打ち
11番でもバンカーからの
リカバリーに失敗した
その瞬間ボビーは
スコアカードを
千切って風に飛ばし
セント
アンドリュースを
あとにした
天才児がはじめて味わった敗北だった

1926年からの訪英では、見違えるほどに成長し
とくにグランドスラムを達成した1930年のときにはイギリスの半分がボビーを見るために移動したとさえ言われた

ボビーは強豪シリル・トーリィを相手に、延長の末ようやく勝って難関を突破
決勝でもロジャー・ウェザードを打ち負かして全英アマ選手権に優勝

次いでホイレークの全英オープンに勝ち
アメリカに戻って全米アマと全米オープンを制し
アマチュアにして世界の4大タイトルを1年のうちに手中にするという快挙をやってのけた

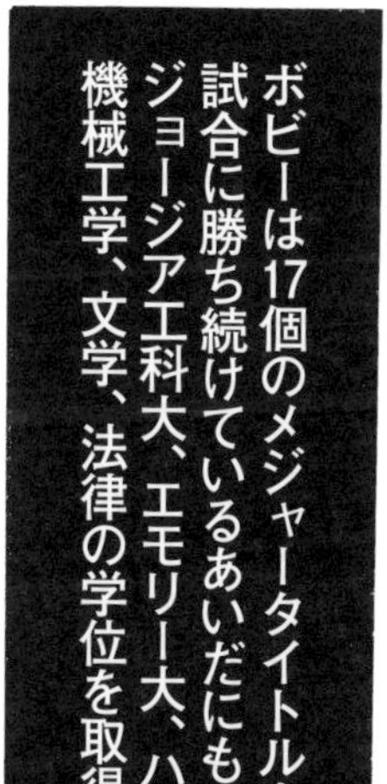
ボビーは17個のメジャータイトルを奪ったが試合に勝ち続けているあいだにもジョージア工科大、エモリー大、ハーバード大を卒業し機械工学、文学、法律の学位を取得している

1925年の全米オープンでは
だれも気がつかないラフの中でアドレスしたとき
自分のボールがわずかに動いたと申告し
自らに1罰打を与えて
ウィリー・マクファーレンに優勝を掠《さら》われた
その行為は優勝するより立派だと賞賛されたが、ボビーは「なぜ褒められるのか」といぶかった
ゴルファーとして当たり前のこと
あなたは私が他人のお金を盗まなかったからといって褒めますか
正直で温厚なこの知識人をセントアンドリュースの人々は熱烈に応援し続けた
1927年の全英オープンで前年に続いて二度目の優勝をなしとげた瞬間
グリーンを取り巻いていた数千人の市民は感極まって彼をかつぎ上げ、クラブハウスまで運んだほどである
また1930年の全英アマのときはボビーの応援でセントアンドリュースの住民は一人残らずコースに押しかけ町はもぬけのからとなった

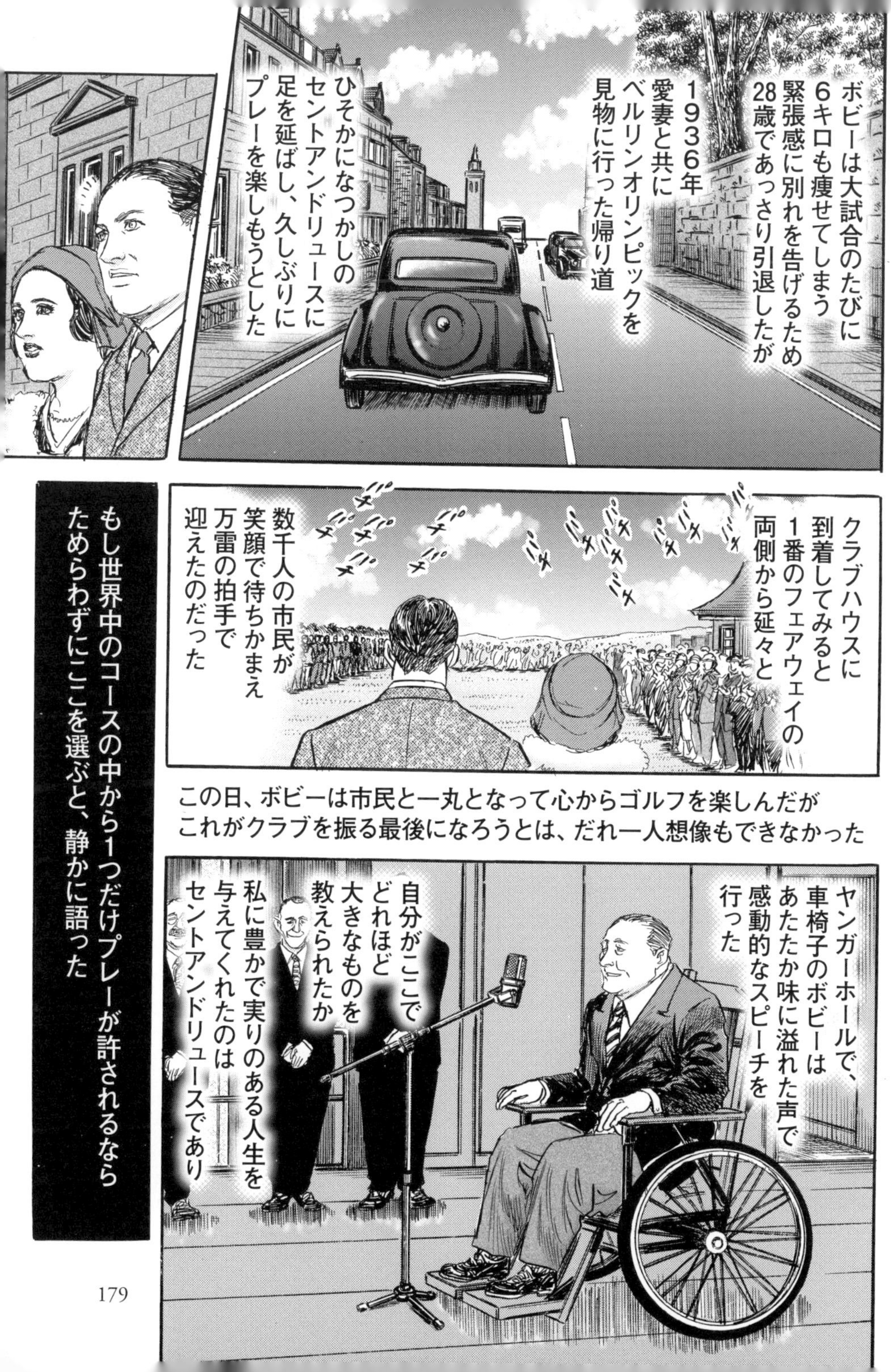
ボビーは大試合のたびに
6キロも痩せてしまう
緊張感に別れを告げるため
28歳であっさり引退したが
1936年
愛妻と共に
ベルリンオリンピックを
見物に行った帰り道
ひそかになつかしの
セントアンドリュースに
足を延ばし、久しぶりに
プレーを楽しもうとした
クラブハウスに
到着してみると
1番のフェアウェイの
両側から延々と
数千人の市民が
笑顔で待ちかまえ
万雷の拍手で
迎えたのだった
パチ パチ パチ パチ
この日、ボビーは市民と一丸となって心からゴルフを楽しんだが
これがクラブを振る最後になろうとは、だれ一人想像もできなかった
ヤンガーホールで、
車椅子のボビーは
あたたか味に溢れた声で
感動的なスピーチを
行った
自分がここで
どれほど
大きなものを
教えられたか
私に豊かで実りのある人生を
与えてくれたのは
セントアンドリュースであり
もし世界中のコースの中から1つだけプレーが許されるなら
ためらわずにここを選ぶと、静かに語った

心にしみるスピーチを終わらせた
ボビーは市長に車椅子を押されて
出口に向かおうとしたそのとき
だれが歌いだしたのか
スコットランドの民謡
「きみ、再び帰りこずや」の
小さな歌声が、片すみから
湧き起こった
歌は少しずつ
大きくなっていって
ついにホール全体が
壮大な合唱に包まれた
老いも若きも
涙を浮かべながら
ボビーに手を振り
「いつか必ず戻っておくれ
私は毎日、丘に続く道を
眺めているから」と歌い続けた
大合唱の中を、ボビーの
乗った車は静かに走り
やがてコースが
望める道端で
止まった
かつて熱狂的な歓声が
津波のように押し寄せた
オールドコースに
その日人影はなかった
わが庭のように
知りつくした
一面の緑の起伏を
いつまでも見続ける
彼の横顔には
心が
千切れるほどの
深い哀しみが
漂っていたという
ボビー・ジョーンズは再び
セントアンドリュースに戻れなかった

第20話
サンモリッツの奇跡

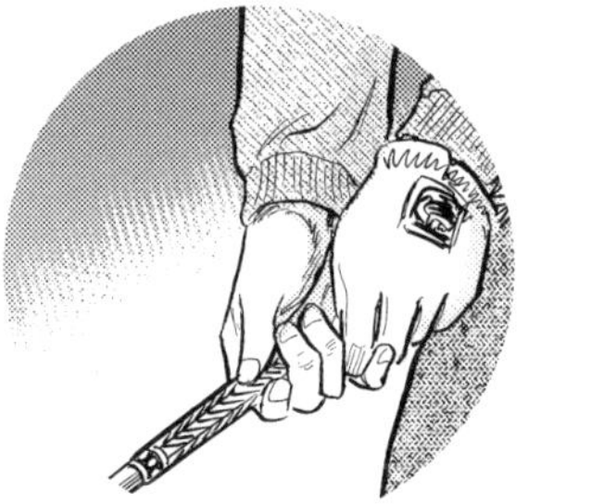

たとえば
H・ハドソンが北極点を
目指したのは
1607年のことである
それから延々
300年
あまたの遭難と
挫折が絶え間なく
繰り返されて
ようやく
1906年
R・E・ピアリーは彼自身
5回目の挑戦が実を結び
極点到達の悲願を
達成している

標高8848メートル
世界最高峰のエヴェレスト
登頂にしても
イギリス隊が綿密な
計画を練り上げたのは
1907年
第1回の遠征隊出発が
1921年
以来死闘が続いて
ようやくヒラリー、テンジンの
二名が登《と》攀《はん》に成功したのは
1953年
ひとつの山を征服するのでさえ
50年もの歳月と
多くの尊い命が失われてきた

つまり、何事であれ目的を
達成するためには、かなりの年月と
周到な準備が必要とされる

十両から横綱に
平社員から会長に
ビギナーからシングルに
アッという間に一足跳び
急上昇を成し遂げた
人物など存在しないのが
この世の常識
とくにゲームの進行が
複雑なゴルフの場合
ある程度の経験が
モノをいう

ゴルフは電撃的に上達するゲームではないが
ふと振り返ってみるとそれまで出来なかったことが出来ていたり
大叩きの悪癖が影をひそめている
ゴルフにおける進歩とは薄紙をはがすようなものなのです
ヘンリー・コットン

北極の探検、最高峰の登攀、ゴルフのスコア、いずれも同じように
歳月の中で入念なウォームアップが行われながら徐々に高みへと達していく
あとは根気と勉強、そして努力に次ぐ努力というわけだ

ところが、ところがである

ロンドンの週刊誌
「ゴルフ」に
奇跡の体験談
「信じようと信じまいと《ビリーブ・イット・オア・ノット》」を
寄稿したボブ・ヘニンガムの
好エッセイによると
人生は痛快
一足跳びの夢が
実現したのだ
The Top 100 Courses Issue
TRIGGER YOUR BEST SWING EVERY TIME!
ちなみにボブは
ニューヨークのウォール街に
事務所を持つ
経済コラムニストであり
評判となった著書も
ある人物だ
L ST
BROAD
もちろん、5年前から
始めたゴルフに身も心も
捧げているが
人並外れた
腕っぷしの強さが
災いしてか
地面を叩くケースが多く
現在のところハンディ26
平均的なスコアは100前後
要するに彼は
ごく一般的な
ゴルファーである
ところに注目したい
「スイスのジュネーブで
開催された進歩なき
国際金融会議が終わった
その夜
ホテルのバーで私は
ジャン・ガレアードと名乗る
フランス紳士と意気投合し
事態は思いがけない
方向に発展した」

たくましく日焼けした
初老のジャンはボブが
ゴルフ好きと知って
あした
サンモリッツに
行ってみない
かね?
あそこには
エンガディンと
いう夢の国の
18ホールがある
私はコースに近い
サメダンの
友人を訪ねる
ところだが
よかったら
一緒にプレー
しようじゃないか
それは
ぜひ!

1日だけ観光の時間をとっていたボブは、予定を変更して
標高1800メートルの高地に広がるエンガディンGCでプレーを楽しむことにした

翌朝
アルプスに向かう
車の中で
ボブの腕前を
たずねたジャンが
奇妙なことを言った
ボールがよく
飛ぶ上に
コースは
平坦な盆地
きょうは私を
信じて言う通り
に打って
ごらんなさい
生涯の
ベストスコアが
出るはずだから
失礼ですが
あなたのゴルフ
歴はどのような
ものですか?
そう
ずっと以前だが
フランスオープンに
勝ったことがある
それから
ヨーロッパの
試合でも10回ほど
優勝したかな
ええっ!?
じゃあ
あなたは!?

なんとジャンはフランスでも珍しいプロゴルファーだったのだ
実は彼の話に茶々を入れて恐縮だが
私なりに補足すると「ジャン・ガレアルド」が正しい呼び方純粋のバスク人である
1950年から20年間というものジャンはフランスを代表する選手だった
ヨーロッパ選手権に2連勝したあと
1969年にはフランスオープンを制し3日目まで全英オープンの首位に立ったこともある
フランスオープンに勝ったあと背中を痛めて第一線から身を引いたとはいえ
温厚な人柄にいまも変わらない人気を集めている
フランスのサンジャンルーGCシャンタコGCでキャディを務めながらゴルフを覚えた彼は
「欧州一のショートアイアンの名手」と呼ばれ、「バスクの勝負師」と恐れられたジャンはそういう男なのである
そうとは知らないボブ・ヘニンガムは次のように書いている

「コースに到着して
1番ティーに向かうと
私に素振りをさせ
仔細に観察した彼は
強い口調でこう言った」
ブン
ブン
振りすぎる！
それから具体的に
四つのアドバイスを
与えてくれた
グリップを
2センチ
余らせて
握ること
1番手大きいクラブを
持って小さく振ること
どのクラブも
地面に平行にやさしく
掃くように振ること
そして
グリーンの近くでは
ボールを右足の前に
置いて
5番アイアンを持ち
パターのように打つこと
1番手大きなクラブを持った効果は
自分でもおどろくほどだった

いつものように振り回せない
そこで静かに掃くようにスウィングせざるを得ないのだ
ボールは若干ハーフトップ気味だったが
ジャンはそれでいいと言った
トップは目的の七割に近づくショットだがダフリはゼロ
トップを打ち続けなさい
途中、アドレスで右に向きやすいこと
ボールをすくい上げないこと
この二点を注意されたボブは5番で転がしまくりドライバーまで掃くようにやさしく振って
まずスタートから4連続ボギー
そのあとショートホールでパー
長いホールでもパーを奪って
アウトの9ホールが終わってみると「41」の快スコア
ところがジャンに言わせると
まだ振りすぎる
もう1番手大きくしてみよう

そこで後半はさらにスウィングを小さくして
「チョコンと当てる程度にしか振れなくなったがわれながらびっくりするほど方向性が良くなった」
「さらに5番での転がしにも馴れてきて、いかに今までウェッジを持って損をしたか痛いほどわかったのである」
適切なジャンの指示に従って彼はコンパクトにクラブを振り続けて18ホールが終わった
たしかにコースがフラットだったことも味方したのだろう
ロングホールではバーディまで奪って
私は38でプレーを終了させたのだ
100を切るのがやっとだったこの私が80台を一足跳びなんと79でラウンドしたのだからいちばんおどろいたのは私自身である
ジャンに抱きついてお礼を言うと
彼は背中を軽く叩きながら、訛《なま》りの強い英語でこう答えた
転がし方さえ覚えれば
誰だって70台で回れるものさ

あとがき

今回のカバーに描いた「ピーチ少年」。どれも面白い夏坂さんの作品の中でも、この『浮浪少年「ピーチ」の偉業』は、特に印象深いエピソードでした。仕事に勤勉で、お金も安心して任せられる、さらには夜警を兼ねていたという〝浮浪少年〟たちが、ゴルファーを助けるキャディになっていったとは！　彼らのリーダーだったピーチ少年は、頭が良く、敏捷で、義理にも厚い。頭脳明晰なピーチ少年が、ゴルフゲームの本質をたちまち把握して、ゴルフに初めて〝戦略性〟を持ち込んだ、という話は「なるほど、そうだったのか！」と思わせてくれます。

私は2018年から月刊ゴルフダイジェストで、この『ゴルフの微笑み。』の連載を続けていますが、毎回、描くたびに、「夏坂さんの作品を漫画にするのは難しい」と感じています。文章を読んでいると、状況やイメージが湧いてくるのですが、いざ具体的に絵に起こそうとすると、「どんな服装だったのか」「この時代のドロップはどうやっていたのか」など、資料を調べたり、集めたりすることが必要になってきます。ピーチ少年に関しても、実際にこのような身なり、服装であったか、確実なことはわかりませんが、この当時のボロの服や汚れた靴の「賢い浮浪少年」はこんな姿だったのでは、と想像して表現しています。

ゴルフの歴史やゴルファーたちの人間ドラマなど〝夏坂ワールド〟を絵にするのは、本当に大変です。でも、だからこそ、勉強になりますし、やりがいを感じています。スコアやスウィング技術の追求も、もちろん大切なことですが（私もエージシュートを目指して、日々努力しています！）、ゴルフの面白さや魅力は、決して、それだけではないということがわかってきました。この作品を通して、〝ゴルフの奥深さ〟を読者の皆さんにも感じてもらうことができれば、非常に嬉しく思います。

――かざま鋭二

夏坂　健　*Ken Natsusaka*
1934年 神奈川県横浜市生まれ。翻訳家・作家。週刊ゴルフダイジェスト1990年3月13日号より「アームチェア・ゴルファーズ」の連載を開始。シングルであった自らのゴルファー体験と、内外の厖大な資料をもとに紡ぎ出されるエッセイは機智とユーモアに溢れ、〝読むゴルフの愉しみ〟という新境地を切り拓き、多数の著作を残した。2000年逝去

かざま鋭二　*Eiji Kazama*
1947年　東京都日野市生まれ。1990年からスタートし、現在も連載中のゴルフ漫画「風の大地」（原作・坂田信弘、ビッグコミックオリジナル）が大ヒット。1993年には、同作で第39回小学館漫画賞青年一般部門を受賞した

ゴルフの微笑み。　第1巻

2021年12月22日　初版発行

著　　者　夏坂　健（原案）
　　　　　かざま鋭二（構成・画）
発 行 者　木村　玄一
発 行 所　ゴルフダイジェスト社
　　　　　〒105-8670　東京都港区新橋6-18-5
　　　　　電話03-3432-4411（代表）　03-3431-3060（販売）
　　　　　e-mail gbook@golf-digest.co.jp
　　　　　URL　http://www.golfdigest.co.jp/digest
　　　　　書籍販売サイト「ゴルフポケット」で検索
印刷・製本　大日本印刷

定価はカバーに表記してあります。乱丁、落丁の本がございましたら、
小社販売部までお送りください。送料小社負担でお取り替えいたします。

ISBN978-4-7728-4200-6 C2075

ゴルフダイジェスト社の本

どこから読んでも、
笑える、感動できる、
そして泣ける。

ゴルフというゲームの
底知れぬ奥深さが味わえる
夏坂ワールドの傑作選！

"夏坂ワールド"
の原点、
ここにあり！

夏坂健　Best of Best
誇り高きダブルボギー

著／夏坂健　定価／990円（本体900円+税）　四六判 226ページ　2018年1月発行

「夏坂健セレクション」（全6巻 2007年～2008年・小社刊）より36篇を選び、再編集したものです

お問い合わせ／ゴルフダイジェスト社販売部　☎03-3431-3060

ご購入は ゴルフポケット で 検索